Vieweg Programmbibliothek
Mikrocomputer 36

HP-41 im technisch-wissenschaftlichen Einsatz

Vieweg Programmbibliothek
Mikrocomputer Band 36

Harald Schumny (Hrsg.)

HP-41 im technisch-wissenschaftlichen Einsatz

Dialogsystem, Darstellung von Funktionswerten, Relaisschaltungen, Regelkreis-Optimierung, Polkonfigurationen

Mit 5 Programmen

Springer Fachmedien Wiesbaden GmbH

CIP-Kurztitelaufnahme der Deutschen Bibliothek

HP 41 im technisch-wissenschaftlichen Einsatz:
Dialogsystem, Darst. von Funktionswerten,
Relaisschaltungen, Regelkreis-Optimierung,
Polkonfigurationen; mit 5 Programmen /
Harald Schumny (Hrsg.). [Die Autoren d. Bd.:
Edgar Buchinger ...].

(Vieweg-Programmbibliothek Mikrocomputer;
Bd. 36)
ISBN 978-3-528-04463-3 ISBN 978-3-663-15927-8 (eBook)
DOI 10.1007/978-3-663-15927-8

NE: Schumny, Harald [Hrsg.]; GT

Die Autoren des Bandes:

Dipl.-Ing. (FH) *Edgar Buchinger*
Elsternhag 46
3000 Hannover 61

Karl Hackenberg
Kurt-Schumacher-Straße 12
3300 Braunschweig

Dr.-Ing. E. h. *Kurt Hain*
Peterskamp 12
3300 Braunschweig

Herbert Hoffmann
Denkmalsweg 12
5900 Siegen

Prof. Dipl.-Ing. *Peter F. Orlowski*
Erfurter Straße 11
6307 Linden 2

1986

Ursprünglich erschienen bei Friedr. Vieweg & Sohn Verlagsgesellschaft mbH, Braunschweig 1986

Umschlaggestaltung: Peter Lenz, Wiesbaden

ISBN 978-3-528-04463-3

Inhaltsverzeichnis

Einführung

Es wird immer behauptet, die allermeiste Software sei für CP/M-Rechner verfügbar. Dabei wird offenbar übersehen, daß Taschencomputer wie der HP-41 sehr stark verbreitet sind und zu einem großen Teil professionell genutzt werden. Eine Ursache dafür ist sicher die Verfügbarkeit von Detail-Software in einer solch großen Zahl, die von keiner anderen Rechnerkategorie erreicht wird.

Taschencomputer sind nämlich gleichzeitig leistungsfähig und problemlos benutzbar, und sie „verleiten" darum mehr als komplexere Systeme zum Selbstprogrammieren. Es gibt aber auch umfangreichere, hochqualifizierte Programmpakete bzw. -systeme; fünf davon sind in diesem Band der Vieweg Programmbibliothek zusammengefaßt. Die Auswahl erfolgte nach besonderer Eignung für den technisch-wissenschaftlichen Einsatz.

Von *Edgar Buchinger* stammt das Dialogsystem, mit dessen Hilfe die Abarbeitung aller Programme nach einem einheitlichen Schema möglich wird. Diese Software erzieht aber auch zum systematischen Programmieren; denn alle Programme müssen gleiche Merkmale und Strukturen aufweisen. Als Anwendungsbeispiel ist ein Bemessungsprogramm aus dem Stahlbetonbau vorgestellt.

Karl Hackenberg hat sich der Darstellung von Funktionswerten angenommen. Das erklärte Ziel des Autors ist es, den verwirrenden Doppelbelegungen von Datenspeichern und Tastenzuordnungen sowie den meist sparsam gehaltenen Rechenanweisungen mit einer kompakten Anordnung zu begegnen. Beispiele sind dafür angegeben, wie das Programm bei Kurvendiskussionen eine schnelle Übersicht ermöglicht.

Das umfangreiche Programmpaket von *Herbert Hoffmann* ist das Resultat konsequenter Weiterentwicklung einer bereits im Band 23 der Programmbibliothek veröffentlichten Arbeit mit dem Titel „Schaltalgebra und Logiknetzwerke". Und sicher hat der Autor recht damit, daß Entwurf und Test von Relaisschaltungen immer noch wesentliche Ingenieurarbeiten sind, obwohl nach Möglichkeit hochintegrierte elektronische Schalter eingesetzt werden. Mit vielen Beispielen wird die beachtliche Leistungsfähigkeit des HP-41 belegt.

Eine Vielzahl technischer Regelkreise läßt sich mit dem Programm von *Peter F. Orlowski* optimieren. Als Grundlage dient das vereinfachte Stabilitätskriterium nach Nyquist und seine Darstellung im Bode-Diagramm. Das Programm ist beschrieben, Optimierungsbeispiele sind durchgerechnet und diskutiert. Ein Haupteinsatzgebiet ist für den Autor die Anwendung als Lernhilfe für Studenten der Regeltechnik.

Das letzte Programm dieses Bandes ist von *Kurt Hain*; es dient der Untersuchung von Polkonfigurationen in bewegten Systemen. Der Autor: Die Polkonfiguration erfaßt den Gesamtplan der Geschwindigkeitspole, und hier soll auf nicht ausgenutzte Anwendungsmöglichkeiten und auch neuartige Mittel für eine höhere Getriebesynthese hingewiesen werden. Auch bei diesem Programm handelt es sich um die Fortführung umfangreicher Arbeiten, die Kurt Hain bereits in Band 17 der Programmbibliothek (Gelenkgetriebe für die Handhabungs- und Robotertechnik) und in Band 9 der Reihe Anwendung von Mikrocomputern (Gelenkgetriebe-Konstruktion) veröffentlicht hat.

Der HP-41 ist wahrscheinlich auch noch auf längere Sicht ein nützliches Werkzeug für Studenten, Ingenieure und Wissenschaftler. Die hier abgedruckten Programme können dazu beitragen, manches Problem beim technisch-wissenschaftlichen Einsatz zu bewältigen.

Ein Dialogsystem für den HP-41

Edgar Buchinger

1 Zielsetzung

Es geht darum, ein System zu entwickeln, mit dem alle Programme einheitlich abgearbeitet werden können, ohne daß der Benutzer bei jedem neuen Programm umdenken muß. Das bedeutet: alle Programme müssen gleiche Merkmale und Strukturen aufweisen.

Um eine flexible Programm-Bearbeitung zu gewährleisten, sollen Eingabe, Berechnung und Ausgabe als unabhängige, in sich geschlossene Einheiten funktionieren und dem Benutzer als solche, sozusagen im Menü, zur Auswahl angeboten werden.

Alle Eingabewerte und Endergebnisse sollen im Permanentspeicher unverändert erhalten bleiben. Während der Programm-Bearbeitung kann von jeder Funktionseinheit hierauf zurückgegriffen werden. Im Idealfall sind sie sogar als Eingabedaten für ein weiterführendes Programm, sozusagen im Programm-Paket, weiterverwertbar.

Eine Routine zum Eingeben, Ändern und Anzeigen von Daten soll es ermöglichen, die im Permanentspeicher vorgehaltenen Werte anzuzeigen, zu überprüfen und gegebenenfalls zu ändern.

2 Beschreibung

Das Dialogsystem besteht im wesentlichen aus vier Grundelementen. Das erste wird in allen Programmen, die über das Dialogsystem funktionieren, eingebaut. Auf die anderen drei

Routinen wird von allen Programmen zurückgegriffen, sie müssen deshalb ständig im Programmspeicher vorgehalten werden.

2.1 Steuerungs-Routine mit zugehöriger Programm-Struktur

Kernpunkt der Steuerungs-Routine bilden die Programm-Adreß-Tasten A–J und a–e, der oberen zwei Tastenreihen (vgl. hierzu Abschnitt 4). Diese sind nur im USER-Modus wirksam und ermöglichen es, bestimmte Punkte (Marken) im Programm direkt über die Tastatur anzulaufen.

Dies setzt voraus, daß das Programm unter Verwendung von "lokalen" Alpha-Marken (A–J und a–e) entsprechend strukturiert wurde und daß diesen Tasten keine anderen Funktionen oder Prgm-Namen zugeordnet wurden.

Im Klartext heißt das: wird im USER-Modus die Taste "B" gedrückt, beginnt der Rechner mit der Ausführung des Programms, auf das der Prgm-Zeiger augenblicklich positioniert ist – ab der Marke "B".

Die Suche nach lokalen Alpha-Marken wird allerdings nur innerhalb eines Programms durchgeführt, also zwischen der ersten Programmzeile 000 und der abschließenden nächsten End-Anweisung. Dieser Umstand ermöglicht es, alle Programme in gleicher Wiese mit lokalen Alpha-Marken in einzelne, unabhängig voneinander aufrufbare Moduln aufzuteilen.

2.1.1 Programm-Struktur

Die Programme werden derart aufgebaut, daß mindestens eine Trennung der folgenden Funktionsbereiche vorliegt:

- Allgemeiner Teil (Startanzeige, Initialisierung, Standard-Anzeige)
- Eingabe-Teil (Eingabewerte eingeben, anzeigen und ggf. ändern)

– Berechnungs-Teil (Berechnungen ausführen)
– Ausgabe-Teil (Ergebnisse anzeigen)

Weiterhin kann jeder dieser Funktionsbereiche wieder aus mehreren, einzelnen Moduln bestehen.

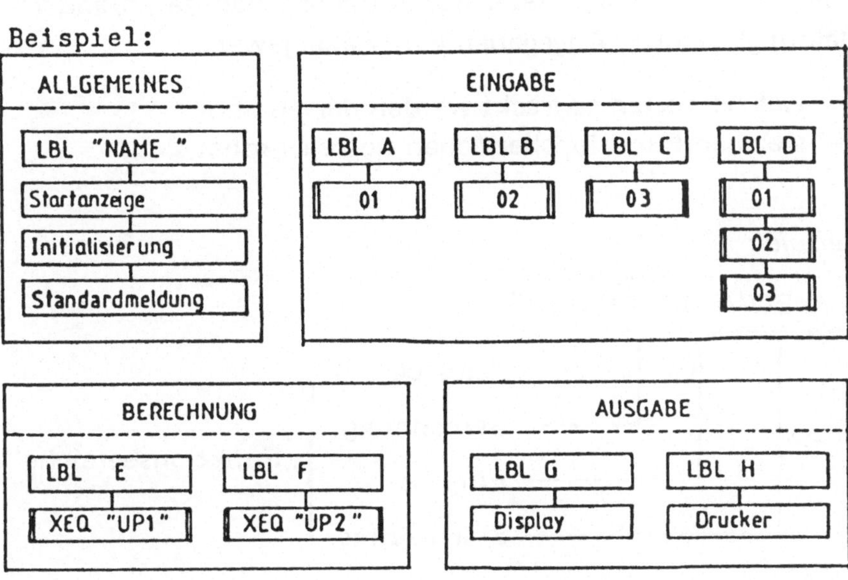

Insbesondere der Eingabeteil wird meist auch noch in thematisch gegliederte Datenmoduln aufgeteilt. (Im Besipiel: Modul A bis D). Bei wiederholtem Prgm-Durchlauf braucht dann nur der Modul aufgerufen zu werden, in dem die Daten verändert werden sollen.

Der letzte Modul (hier "D") umfaßt hintereinander ablaufend die gesamte Eingabe der vorausgehenden Eingabe-Moduln, hier A bis C.

Selbstverständlich muß es auch möglich sein, die Berechnungs-Moduln als Unterprogramme zu benutzen und entsprechend aufzurufen. Hierzu erhalten die Rechenteile je eine "globale" Alpha-Marke mit der sie direkt, ohne Umweg über umständliche Flag-Abfragen, aufgerufen werden können.

2.1.2 Durchführung

Nach dem Start erscheint zur Kontrolle der Name des gestarteten Programmes in der Anzeige, z. B.:

Name

Durch ein R/S wird dieser durch die sogenannte „Standard-Meldung" ersetzt. Angegeben wird dabei jeweils:

- welche Tasten gedrückt werden dürfen und
- welchen Funktionsbereichen sie zugeordnet sind.

Beispiel:

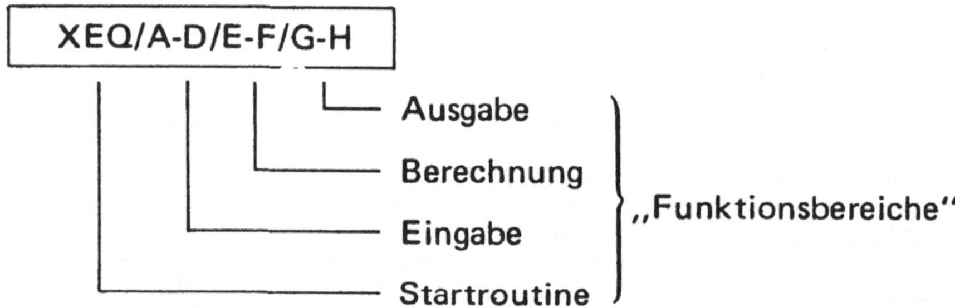

Jede der im Beispiel angegebenen Tasten beherbergt sozusagen ein Prgm-Modul. Jeder dieser Moduln kann über die „Programm-Adreß-Tasten" beliebig oft aufgerufen und bearbeitet werden. Die Reihenfolge bei der Modul-Bearbeitung ist dem Benutzer eigenverantwortlich überlassen. Er soll dabei frei entscheiden können, ob z. B. die Eingabedaten für eine Berechnung richtig bereitstehen oder ob für eine beabsichtigte Ausgabe bereits eine Berechnung vorgenommen wurde.

Nach erfolgter Modul-Bearbeitung wird wieder die „Standard-Meldung" angezeigt.

Im folgenden Bild ist ein Bearbeitungsschema wiedergegeben, welches die Wirkungsweise der Steuerungs-„Routine" verdeutlichen soll.

Schema:

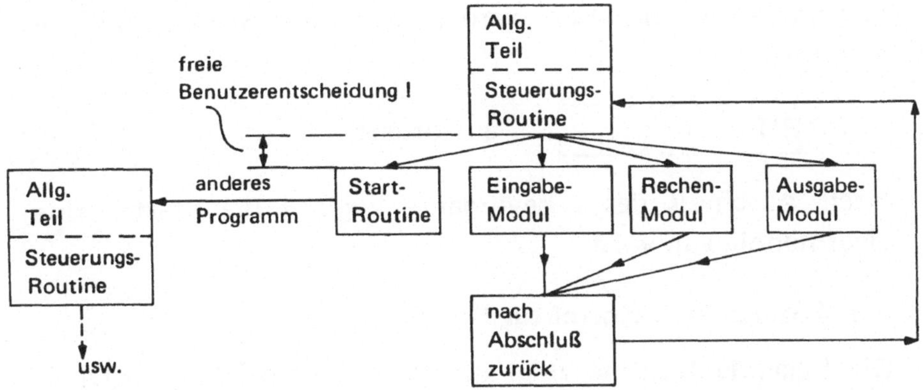

2.2 Startroutine

Die Aufgabe der Startroutine "XEQ" besteht im wesentlichen lediglich darin, den Programm-Zeiger auf ein bestimmtes Programm zu positionieren. Zur Verwendung im Dialogsystem ist sie der XEQ-Taste zuzuordnen:

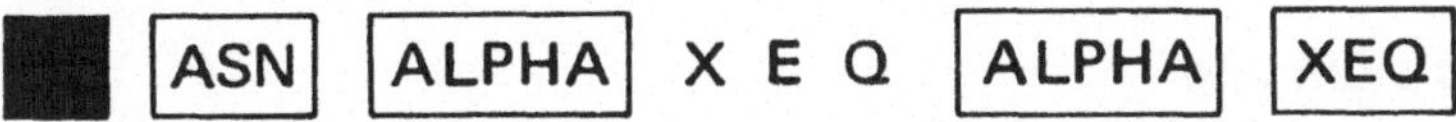

Anschließend kann sie einfach durch Drücken der XEQ-Taste aufgerufen werden.

Gefordert wird die Eingabe des Programm-Namens:

NAME;

Der Alpha-Modus wird automatisch geschaltet. R/S schließt die Eingabe ab und führt zum Start des bezeichneten Programmes. Keine Eingabe wird nicht akzeptiert. Falsche oder unbekannte Namen führen zur Fehlermeldung:

"Name" FEHLT

Nach Drücken von R/S kann das fehlende Programm mit Magnetkarten eingelesen werden, wozu der Rechner mit der Meldung

CARD

auffordert.

Nach Abschluß des Lesevorgangs beginnt die Startroutine eigenständig von vorn.

2.3 Anzeige- und Korrektur-Routine

Die folgende Routine zeigt im Permanentspeicher vorgehaltene numerische oder alphanumerische Daten in Verbindung mit erläuternden Variablenkürzeln im Display an. Anschließend können die angezeigten Werte einfach durch Eintasten neuer Werte und abschließendem R/S korrigiert werden. Nur R/S läßt die angezeigten Werte bestehen, so daß die Eingabe neuer Werte nur dann erforderlich wird, wenn die angezeigten Daten verändert werden sollen. Der Alpha-Modus wird ggf. automatisch abgeschaltet.

2.3.1 Durchführung

Übergeben wird eingehend:

- im X-Register, die Registeradresse (a—1) der anzuzeigenden Variablen
- im Alpha-Register die zugehörigen Kürzel
- der Alpha-Modus ist ggf. einzuschalten.

Anschließend wird die Registeradresse im 1 erhöht, dem Variablenkürzel ein Doppelpunkt mit „Space" angehängt und zusammen mit dem Zahlenwert der Variablen im Display angezeigt. Erfolgt eine Eingabe, wird der eingegebene Wert abgespeichert.

Ausgehend enthält:

- das X-Register die Registeradresse a
- der Alpha-Modus ist ausgeschaltet.

2.3.2 Beispiele

Die Tastanfolge: 10, PFUND, XEQ%, KILO, XEQ% ... führt mit R11 = 50 und R12 = 100 zu folgender Anzeige:

PFUND: _50

KILO: _100

Die Tastenfolge: 25,NAME,AON,XEQ%,ANZAHL,XEQ% ... führt mit R26 = EXP und R27 = 12 zu folgender Anzeige:

NAME: _EXP

ANZAHL: _12

2.4 Size-Prüfer

Um in einem Hauptprogramm festzustellen, ob die gegenwärtige Datenregister-Anzahl ausreicht, wird der Size-Prüfer benutzt. Die vom Programm benötigte höchste Registeradresse muß vor Aufruf im X-Register abgelegt werden.

Nur wenn es nötig wird, fordert die Routine dazu auf, "SIZE" im Hauptprogramm neu festzusetzen.

Nach Neufestsetzung geht es mit R/S weiter.

Beispiel:

Für ein Programm, das R17 als höchste Registeradresse benutzt, lautet die Befehlsfolge zur Überprüfung:

17, XEQ"SZ", FC?C25, PROMPT

Eine evtl. erforderliche Neufestsetzung würde mit

SIZE: _18

angezeigt werden.

3 Struktogramme mit Anweisungslisten

Anweisung	STARTROUTINE
LBL XEQ	Globale Alpha-Marke
LBL 01	Schnelle Kurzform-Marke
SF27	User-Modus ein
NAME:	Eintrag ins Alpha-Register
AON	Alpha-Modus ein
PROMPT	Eingabe-Aufforderung
SF25	Fehlermeldungsflag setzen
ASTO Y	Prgm-Name ins Y-Register
AOFF	Alpha-Modus aus
GTO IND Y	Wenn alles OK:"Prgm-Start"
FC?C23 (c / s)	Wenn keine Eingabe erfolgte,
GTO 01	zurück zum Anfang
⊢␣␣FEHLT	Wenn Prgm-Name unbekannt:
PROMPT	Fehlermeldung anzeigen,Stop
RSUB	Einlesen des fehlenden Prgm's
GTO 01	und zurück zum Anfang

Anweisung	ANZEIGE- UND KORREKTURROUTINE
LBL %	Globale Alpha -Marke
CF22	Löschen der Eingabeflags:
CF23	"Numeric und Alphanumeric"
⊢:␣	Doppelpunkt und Space anhängen
1	Speicheradresse im X-Register
+	um 1 erhöhen.
ARCL IND X	Zahlenwert anhängen
PROMPT	Eingabe-Aufforderung/Anzeige
FS?22 (s / c)	Ist num. Eingabe erfolgt?
STO IND Y	Ja, dann abspeichern
FS?C22 (s / c)	Ist num. Eingabe erfolgt?
RDN	Ja, Stack-Lift beseitigen
FS?C23 (s / c)	Ist alphanum. Eingabe erfolgt?
ASTO IND X	Ja, dann abspeichern
AOFF	Alpha-Modus aus
RTN	

Anweisung	SIZE-PRÜFER
LBL SZ	Globale Alpha-Marke
SF25	Fehlermeldungsflag setzen
RCL IND X	Überprüfung der Adresse
FIX 0	Vorbereiten der Fehler-
1	anzeige, falls Flag 25 ge-
+	löscht wurde:
SIZE:_	Eintrag ins Alpha-Register
ARCL X	Size-Wert anhängen
END	

4 Merkblatt

Das Dialogsystem kann relativ einfach angewendet werden und erlaubt eine bequeme Handhabung der Programme.

Nur wenige Grundbegriffe genügen, auch dem unkundigen Benutzer, zum Verständnis. In dem folgenden Merkblatt ist das Dialogsystem zusammenfassend dargestellt.

5 Programmbeispiel

Im folgenden ist ein Bemessungsprogramm aus dem Stahlbetonbau dargestellt, welches zur Bemessung von vorwiegend auf Biegung beanspruchten Rechteckquerschnitten dient.

Ein Arbeitsblatt faßt, wie bei allen Programmen, die auf das DIALOGSYSTEM abgestimmt sind, alle wichtigen Programm-Daten zusammen und zeigt die Möglichkeiten der Programm-Handhabung auf.

Abschließend ist die zugehörige Prgm-Struktur mit Anweisungsliste abgebildet, wobei aus Platzgründen auf die Wiedergabe des Berechnungs-Unterprogramms verzichtet wurde.

XEQ

STARTROUTINE UND DIALOGSYSTEM FÜR DEN HP-41CV UNTER VERWENDUNG DER PROGRAMMADRESSTASTEN A-J und a-e.

Anzeige:

NAME:
user

No.of program lines:	41
No.of data registers:	--
No.of magnetic cards:	1/2
Name of Prgm.Subs:	%,SZ

Durchführung:

Die Startroutine wird durch Drükken der XEQ-Taste gestartet. Gefordert wird die Eingabe des Programm-Namens (siehe oben). Keine Eingabe wird nicht akzeptiert. Falsche oder unbekannte Namen führen zu einer Fehlermeldung.

Karte:

Dialogsystem:

Die Startroutine "XEQ" sowie das gesamte Dialogsystem sind für eine Verwendung im USER-Modus konzipiert. Die Startroutine ist der XEQ-Taste zugeordnet. Die Programmadresstasten (siehe unten) sind erst nach dem Start eines Programmes wirksam. Welchen Tasten dabei ein Programm-Modul zugeordnet wurde ist aus einer STANDARD-MELDUNG ersichtlich. (siehe linken Kasten).

Standardmeldung:

Nach dem Programm-Start erscheint zur Kontrolle nochmals der Name des Programmes in der Anzeige. Durch Drücken der R/S-Taste wird dieser durch die sog. Standard - meldung ersetzt: Angegeben wird dabei jeweils, welche Tasten gedrückt werden dürfen und welchen Funktionsbereichen sie zugeordnet sind:

Beispiel: "STANDARDMELDUNG"

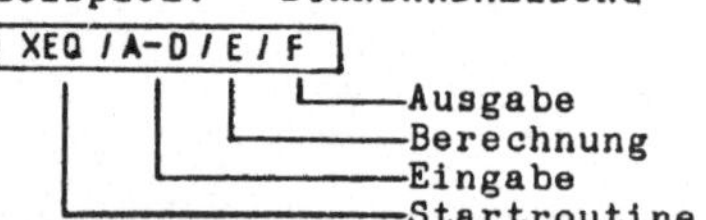

Fehlermeldungen:

| ␣␣ FEHLT | ␣␣ ≙ Name

Das gewünschte Programm befindet sich nicht im Programm-Speicher. Nach Drücken der R/S-Taste erscheint folgende Meldung:

| CARD |

Nach Einlesen der Magnetkarten beginnt die Startroutine von vorn

| SIZE: n |

Speicherverteilung reicht nicht aus: "SIZE: n" ausführen!

Tastenbelegung im USER-Modus:

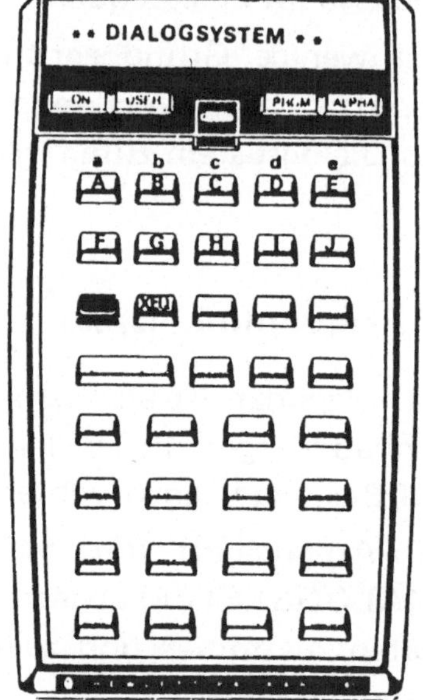

Zur Anwendung des Dialogsystems dürfen den bezeichneten Tasten keine anderen Funktionen und Programm-Namen zugeordnet sein. (Gegebenenfalls löschen!)

RMN	BEMESSUNG VON RECHTECKQUERSCHNITTEN FÜR BIEGUNG UND BIEGUNG MIT LÄNGSKRAFT NACH DIN 1045 ,AUSGABE 1972

Anzeige:

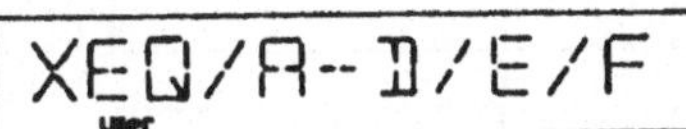

No.of program lines:	200
No.of data registers:	R00-R17
No.of magnetic cards:	1-2
Name of Prgm.Subs:	XEQ,%,SZ,BR,BS

Querschnittswerte: — A

		Reg:
b: --.--	cm	01
d: --.--	cm	02

Bemessungswerte: — B

		Reg:
B: --	--	05
BST: -	--	06
HU: --.--	cm	07
HO: --.--	cm	08

Schnittkräfte: — C

		Reg:
M: --.--	KNm	09
N: --.--	KN	10

Gesamteingabe: — D

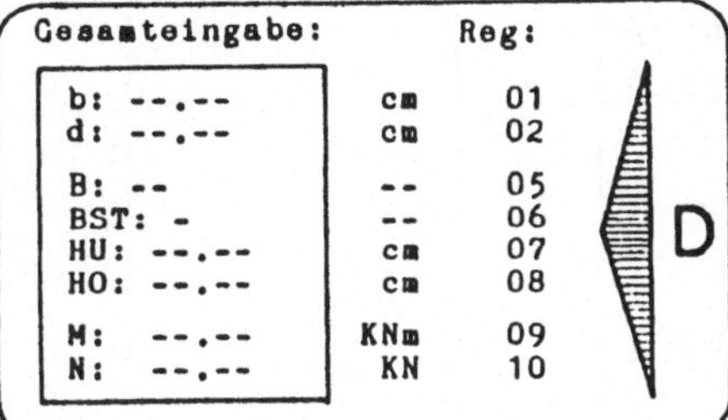

		Reg:
b: --.--	cm	01
d: --.--	cm	02
B: --	--	05
BST: -	--	06
HU: --.--	cm	07
HO: --.--	cm	08
M: --.--	KNm	09
N: --.--	KN	10

Berechnung: — E

		Reg:
ASU: --.--	cm^2	11
ASO: --.--	cm^2	12
Z: --.--	cm	13
X: --.--	cm	14

Ausgabe: — F

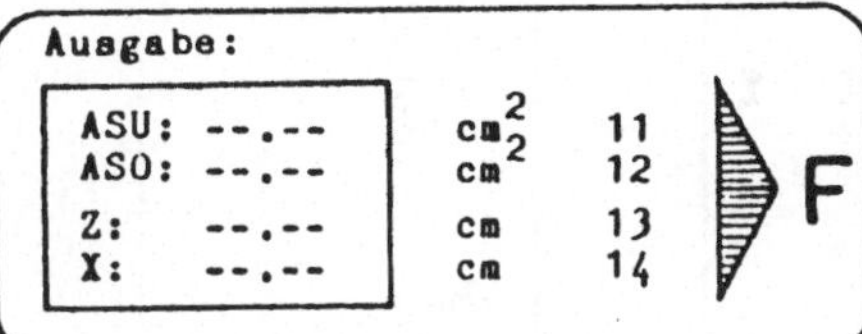

ASU: --.--	cm^2	11
ASO: --.--	cm^2	12
Z: --.--	cm	13
X: --.--	cm	14

Bezeichnungen:

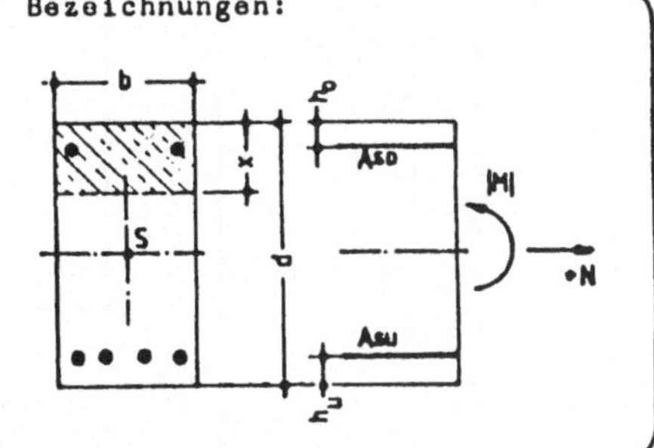

Annahmen, Voraussetzungen:

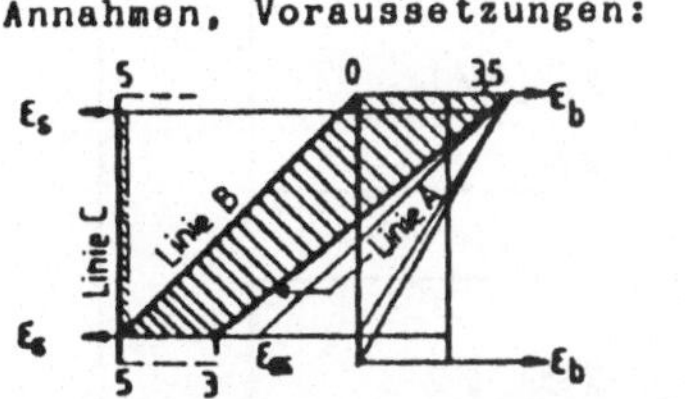

Das programmierte Verfahren läßt Dehnungszustände zu, die bei dem oberen Bild im schraffierten Bereich liegen. Der Sicherheitsbeiwert beträgt demnach einheitlich γ=1.75. Die Biegedruckzone wurde rechteckig angenommen. Für die Spannungsdehnungslinien gilt die DIN 1045, Bilder 11 und 12.

Fehlermeldungen:

ASO > ASU

Die Anwendungsgrenze des Programmes ist erreicht.Die Zugbewehrung überschreitet die Druckbewehrung Nach DIN 1045, 17.2.3 ist die Bemessung mit symmetrisch angeordneter Bewehrung durchzuführen.

NONEXISTENT   z.B:

- Speicherverteilung reicht nicht aus: SIZE 018
- Programm wurde nicht vollständig eingelesen.

Programm "RMN":

```
LBL "RMN"
      +++RMN++
      PROMPT
      FIX 2
- - - - - - - - -
LBL  ØØ
      17
      XEQ "SZ"
      FC?C25
      PROMPT
      SF27
      XEQ/A-D/E/F
      PROMPT
GTO  ØØ
```

```
LBL  A
      XEQ Ø1
GTO  ØØ
```

```
LBL  B
      XEQ Ø2
GTO  ØØ
```

```
LBL  C
      XEQ Ø3
GTO  ØØ
```

```
LBL  D
      XEQ Ø1
      XEQ Ø2
      XEQ Ø3
GTO  ØØ
```

```
LBL  E
      XEQ "MN"
GTO  F
```

Programm-Struktur mit den einzelnen Moduln

```
LBL  Ø1
      Ø
      b
      XEQ %
      d
      XEQ %
RTN
```

```
LBL  Ø2
      4
      B
      FIX Ø
      XEQ %
      BST
      XEQ %
      FIX 2
      HU
      XEQ %
      HO
      XEQ %
RTN
```

```
LBL  Ø3
      8
      M
      XEQ %
      N
      XEQ %
RTN
```

```
LBL  F
      1Ø
      ASU
      XEQ %
      ASO
      XEQ %
      Z
      XEQ %
      X
      XEQ %
GTO  ØØ
```

```
LBL "MN"

      Berechnungs-Unterprogramm

END
```

Darstellung von Funktionswerten

Karl Hackenberg

1 Zweck des Programms

Wie häufig mag es vorkommen, daß Funktionen nach verschiedenen Gesichtspunkten zu untersuchen sind, die hierzu erforderlichen Routinen aber erst aus separat gehaltenen Aufzeichnungen zusammengestellt werden müssen. Hierdurch können verwirrende Doppelbelegungen von Datenspeichern und Tastenzuordnungen entstehen. Ein weiteres Übel betrifft die meist sparsam gehaltenen Rechenanweisungen, deren exakte Anwendung – insbesondere nach längerer Pause – oft erst mühsamer Rückerinnerung bedarf.

Diesen nachteiligen Begleitumständen will die vorliegende Routine mit einer kompakten Anordnung der einzelnen Operationen begegnen. Die darin enthaltenen, mehr oder weniger bekannten elementaren Algorithmen können wahlweise zur Berechnung von Einzel- oder Serienwerten bzw. Aufzeichnungen von Graphen vorgegebener Funktionen abgerufen werden. Das Programm bietet nicht nur eine schnelle Übersicht bei Kurvendiskussionen, sondern erweist sich auch vorteilhaft bei infinitesimalen Übungen, um analytische Lösungen auf Fehlerhaftigkeit zu überprüfen. Die häufigen Fragestellungen – vom Routinier leicht umgehbar – sollen dem Anwender, insbesondere dem Anfänger, zur erfolgreichen Arbeit verhelfen.

2 Programmbeschreibung

Die einzelnen Rechenvorgänge sind den Tasten A bis J und a bis c zugeordnet. Der nach dem Start des Programms ausgedruckten Legende entsprechend, können folgende Operationen ausgeführt werden:

A	f(x) = F'(x)	H	f(x)
B	f'(x)	I	f'(x)
C	f''(x)	J	f''(x)
D	∫f(x)dx = F(x)	a	E(%) für B und C
E	Extrem	b	E(%) für D
F	Nullstelle	c	Graph
G	Wendepunkt		

Hierbei steht ∫f(x)dx für ein bestimmtes Integral mit den Grenzwerten UG und OG, E(%) für den relativen Fehler ϵ in Prozent. Unter A bis G resultieren Einzel-, unter H bis J, hinsichtlich Bereich und Intervall wählbar, Serienwerte.

Zweckmäßigerweise sollten die am Ende des Programms stehenden Testfunktionen (LBL OA bis OD) für gelegentliche Prüfungen belassen werden. Die Winkelmodi RAD und DEG für trigonometrische Funktionen liegen auf den „geshifteten" Tasten 51 und 52 bereit.

Konfiguration:

HP-41, XF-Modul, Thermodrucker (MAN), SIZE 025, 218 Register.

Option:

CCD-Modul für Kleinschreibung und Sonderzeichen(1), Barcode-Leser.

Das CCD-Modul*) enthält eine Vielzahl neuartiger Funktionen. Da es z. Zt. noch wenig verbreitet ist, wurde auf synthetische Befehle zur Einsparung von Bytes bewußt verzichtet. Somit müssen bei Eingabe des Programms ohne Barcode-Leser Kleinbuchstaben und Sonderzeichen in den Datenregistern 00 bis 05 auf etwas umständliche Art erzeugt werden. Z. B. für f(x) und f'(x) ab Programm-Zeile 13/STO 15 nach **Fig. 1**.

---

*) CCD-Modul, W & W GmbH, Postfach 800 133, 5060 Bergisch-Gladbach. Preis: ca. DM 400,– incl. MwSt.

```
14 CLA        25 102
15 102        26 XTOA
16 XTOA       27 39
17 91         28 XTOA
18 XTOA       29 91
19 120        30 XTOA
20 XTOA       31 120
21 93         32 XTOA
22 XTOA       33 93
23 ASTO 00    34 XTOA
24 CLA        35 ASTO 01
              36 CLA
```

Fig. 1 Teil-Ersatzprogramm

```
28 "A "              38 AVIEW
29 ARCL 00           39 "B "
30 "⊢ = "            40 "⊢"
31 "⊢"               41 ARCL 01
32 ARCL 04           42 "⊢
33 "⊢     LBL "      43 "⊢LBL "
34 "⊢"               44 "⊢"
35 105               45 105
36 XTOA              46 XTOA
37 "⊢A"              47 "⊢B"
                     48 AVIEW
```

Fig. 2 Teil-Ersatzprogramm

Dasselbe gilt auch für die Legende, deren beide ersten Zeilen A und B ab Programm-Zeile 27/PROMPT – wiederum abweichend von der Programmliste – in **Fig. 2** dargestellt sind.

3 Programmdurchführung

Nach Eingabe des Programms und Start durch XEQ DFW sind mit der Anzeige RECHENOPERAT.: die Tasten A bis J in Bereitstellung. R/S bewirkt den Ausdruck der Legende (**Fig. 3**). Die Terme der zu untersuchenden Funktionen können nunmehr in alphanumerischer Folge den Testfunktionen angegliedert werden. Hierbei ist zu beachten, daß für die Argumente – mit Ausnahme des jeweils ersten – RCL 06 zu setzen ist (übereinstimmend mit dem gleichen Register im ROM-Programm PRPLOT).

Im allgemeinen ist anzunehmen, daß jeweils nur f(x) unter LBL iA vorliegt. Um aber die folgenden Anwendungen erschöpfend beschreiben zu können, soll die Testfunktion

```
                    CAT 1
LBL'DFW
LBL'0A
LBL'0B
LBL'0C
LBL'0D
END          1525 BYTES
.END.        08 BYTES
                 XEQ "DFW"
RECHENOPERAT.:
                      RUN
A f[x] = F'[x]    LBL iA
B f'[x]           LBL iB
C f"[x]           LBL iC
D If[x]dx = F[x]  LBL iD
E EXTREM
  ORDINATE
F NULLSTELLE
G WENDEPUNKT
  ORDINATE
  STEIG. <GRAD>
H ORDIN. f[x]  <KONTIN.>
I   "     f'[x]      "
J   "     f"[x]      "
a E<%> von f'[x], f"[x]
b   "        If[x]dx
c GRAPH

WENN MEHR ALS 1 X-FAKTOR
IN iA-iD VORHANDEN, IST
HIERF. RCL 06 ZU SETZEN.
```

Fig. 3 Katalog, Legende

```
                      XEQ A
NAME ?
0A                      RUN
ARGUM.?
               -.500    RUN
* f[x] = -0,471

                      XEQ B
NAME ?
0A                      RUN
ARGUM.?
               1,500    RUN
* f'[x] = 0,100
FUNKT. f'[x] VORHD.? >a
                      XEQ a
NAME ?
0B                      RUN
ARGUM.?
               1,500    RUN
* E<%> = 1,55E-4

                      XEQ C
NAME ?
0A                      RUN
ARGUM.?
               -.500    RUN
* f"[x] = -0,052
FUNKT.f"[x] VORHD.? >a

                      XEQ D
NAME ?
0A                      RUN
SW, UG, OG, ?
             30,000 ENTER↑
              -.500 ENTER↑
              1,500     RUN
*If[x]dx = -0,096
FUNKT. F[x] VORHD.? >b
                      XEQ b
NAME ?
0D                      RUN
* E<%> = -9,26E-2
```

Fig. 4 Einzel-Ordinate, Integral

f(x) durch ihre zugehörigen Terme für f'(x), f''(x) und F(x) ergänzt werden:

LBL OA $f(x) = \frac{2x-1}{x^2+2x+5} = \frac{1}{z}(2x-1)$

LBL OB $f'(x) = \frac{2}{z^2}(x-x^2+6)$

LBL OC $f''(x) = \frac{2}{z^3}[(1-2x)-4(7x-x^3+6)]$

LBL OD $F(x) = \ln z - \frac{3}{2} \operatorname{arc\,tg} \frac{x+1}{2} + c$

Zu A bis C (Fig. 4)

Fehlerbedingungen, z. B. Division duruch 0 u. a., verursachen bei Einzelfunktionswerten eine Unterbrechung der Programmdurchführung. Nach Ausgabe des Ergebnisses ist eine Wiederholung des Rechenvorganges durch Betätigung von R/S vorgesehen. Hierdurch entfällt die nochmalige Eingabe des Funktionsnamens.

Zu D (Fig. 4)

Zur Integrierung verlangt der Rechner außer den Grenzwerten UG und OG die Schrittweite SW. Für mittlere Verhältnisse bezüglich Integrationsintervall, Rechendauer und Fehler ($< 0{,}1\,\%$) dürfte SW = 15 bis 30 ausreichen (Rechendauer des Testintegrals ca. 45 s). Sind die Terme von $\int f(x)dx$ in LBL iD gespeichert, so ergibt XEQ b den prozentualen Unterschied zwischen analtyischer und numerischer Lösung.

Zu E bis H (Fig. 5 u. 6)

Zur numerischen Bestimmung eines Extremwertes, Wendepunktes oder einer Nullstelle verlangt der Rechner einen Schätzbereich oder Schätzwert. Es empfiehlt sich daher, für den gewünschten Abszissenbereich vorab durch H eine konti-

```
                    XEQ H
NAME ?
0A                    RUN
SCHLF. KTR. NR?
          -5,00701    RUN
MODULT. FAKT.?
              .500    RUN
x= -2,500  f[x]= -0,960
x= -2,000  f[x]= -1,000
x= -1,500  f[x]= -0,941
x= -1,000  f[x]= -0,750
x= -0,500  f[x]= -0,471
x= 0,000  f[x]= -0,200
x= 0,500  f[x]= 0,000
x= 1,000  f[x]= 0,125
x= 1,500  f[x]= 0,195
x= 2,000  f[x]= 0,231
x= 2,500  f[x]= 0,246
x= 3,000  f[x]= 0,250
x= 3,500  f[x]= 0,247

      PLOT OF 0A
     X <UNITS= 1> ↓
     Y <UNITS= 1> →
      -1,05          0,26
                     0,00
      |--------------|---|
 -2,50  x             :
 -2,00 x              :
 -1,50  x             :
 -1,00     x          :
 -0,50        x       :
  0,00            x   :
  0,50                x
  1,00                :  x
  1,50                :   x
  2,00                :    x
  2,50                :    x
  3,00                :    x
  3,50                :    x
```

Fig. 5 Serien-Ordinate, f (x)

```
                    XEQ E
NAME ?
0A                    RUN
SCHAETZBER.?
          -2,500 ENTER↑
          -1,500    RUN
* X-EXTR. = -2,00000
* Y-EXTR. = -1,000
REPET.? >R/S
                      RUN
SCHAETZBER.?
           2,000 ENTER↑
           4,000    RUN
* X-EXTR. = 3,00000
* Y-EXTR. = 0,250
REPET.? >R/S

                    XEQ F
NAME ?
0A                    RUN
SCHAETZWERT?
           1,000    RUN
* NULLSTELLE = 0,50000
REPET.? >R/S

                    XEQ G
NAME ?
0A                    RUN
SCHAETZBER.?
          -1,000 ENTER↑
           0,000    RUN
* WENDEPUNKT
  x = -0,56500
  y = -0,508
  ∡ = 30,242
```

Fig. 6 Signifikante Abszissen

nuierliche Folge von Funktionswerten aufzustellen. Mit den daraus resultierenden Maxi- bzw. Minimalordinaten ist der Abschnitt durch c zu plotten. Der nunmehr vorhandene Graph erleichtert die Bestimmung von Schätz-Bereich oder -Wert. Nach Beendigung des PLOT-Vorgangs initialisiert der Rechner erneut das Hauptprogramm und ist mit der Anzeige RECHENOPERAT.: für weitere Ausführungen bereit.

Wird anfänglich oder während des Rechenvorgangs (letztlich nach STOP durch R/S) SF 00 gesetzt, so können bei E und F die sich ständig ändernden Abszissenwerte, bei G die gegen Null konvergierenden Ordinaten der zweiten Ableitung laufend oder zwischenzeitlich beobachtet werden. Eine Wiederholung der Rechenvorgänge für Extremwerte und Nullstellen mit ggf. eingeengten Argumenten ist, wie unter A bis C, durch Betätigung von R/S möglich.

Der Graph f(x) läßt im Bereich −2,5x bis 3,5x zwei Extrema, eine Nullstelle und einen Wendepunkt erkennen, deren Werte mit meist ausreichender Genauigkeit durch E, F und G ermittelt werden können. An dieser Stelle sei an den Zusammenhang zwischen unbestimmtem Integral und der ersten Ableitung stetiger Funktionen erinnert, wie in horizontaler Folge der **Tabelle 1** unter OD, OA und OB dargestellt.

Da allgemein in f(x) ein Extrem durch $f'(x) = 0$, ein Wendepunkt durch $f''(x) = 0$ gegeben ist, gelten die für f(x) numerisch erhaltenen Werte signifikanter Punkte sinngemäß auch für die unbekannten Stamm- und Ableitungsfunktionen. Somit entspricht z. B. die Abszisse − 0,565 nicht nur dem Wendepunkt in f(x), sondern auch einem Extrem in f'(x) und einer Nullstelle in f''(x).

Die Schätzungen erfordern einige Übung, insbesondere die von Wendepunkten. Für Extrema ist die vom gewählten Schätzbereich der zur negativen Seite gelegene Wert zuerst einzusetzen (z. B. −3↑−1 oder 2↑4). Für Wendepunkte dagegen ist die Reihenfolge der Eingabe bedeutungslos, da aus beiden Werten das arithmetische Mittel gebildet wird. An-

Tabelle 1 Schema signifikanter Abszissen
N = Nullstelle E = Extrem W = Wendepunkt

Test-Name	OD	OA	OB	OC
Funktion / Abszisse	F (x)	f (x)	f′ (x)	f″ (x)
0,500	E	N		
− 2,000 3,000	W	E	N	
− 0,565		W	E	N
(− 1,473) (0,237)			W	E
(− 0,740) (0,811)				W

schließend vermindert sich der resultierende Abszissenpunkt um 15%. Von hier aus wird das Argument in Intervallen von 0,5% in positiver Richtung wiederum erhöht und jeweils f″(x) errechnet. Das Kriterium für den Wendepunkt liefert letztlich das arithmetische Mittel jener beiden Abszissen, deren aufeinanderfolgende Ordinaten entgegengesetzte Vorzeichen aufweisen. Wenn die Neigung der Wendepunkttangente negativ ausfällt, wird durch Addition von 360° der positive Winkel angegeben. Ist f″(x) unter LBL iC vorhanden, kann der erhaltene Wendepunkt als Schätzwert zur Berechnung der Nullstelle in F eingesetzt werden, was einen genaueren Wert (im Testfall −0,56430) ergibt.

Zu I und J (Fig. 7 u. 8)

Für die automatische Folge von Funktionswerten, wie auch unter H, wird außer der Schleifenkontrollnummer noch ein Modulationsfaktor gefordert. Erst das Produkt beider Zahlen ergibt die gewünschte Stufung der Abszissenwerte. Auch bei

```
                    XEQ I
NAME ?
0A                    RUN
SCHLF. KTR. NR?
          -5,00701    RUN
MODULT. FAKT.?
              .500    RUN
x= -2,500  f'[x]= -0,141
x= -2,000  f'[x]= 0,000
x= -1,500  f'[x]= 0,249
x= -1,000  f'[x]= 0,500
x= -0,500  f'[x]= 0,581
x= 0,000  f'[x]= 0,480
x= 0,500  f'[x]= 0,320
x= 1,000  f'[x]= 0,188
x= 1,500  f'[x]= 0,100
x= 2,000  f'[x]= 0,047
x= 2,500  f'[x]= 0,017
= 3,000  f'[x]= 3,333E-7
x= 3,500  f'[x]= -0,009

      PLOT OF 0B
    X <UNITS= 1> ↓
    Y <UNITS= E-1> →
     -1,50           6,00
        0,00
     |---|---------------|
-2,50 x   :
-2,00     x
-1,50     :      x
-1,00     :            x
-0,50     :              x
 0,00     :           x
 0,50     :       x
 1,00     :    x
 1,50     :  x
 2,00     :x
 2,50     x
 3,00     x
 3,50     x
```

Fig. 7 Serien-Ordinaten, f (x)

```
                    XEQ J
NAME ?
0A                    RUN
SCHLF. KTR. NR?
          -5,00701    RUN
MODULT. FAKT.?
              .500    RUN
x= -2,500  f"[x]= 0,172
x= -2,000  f"[x]= 0,400
x= -1,500  f"[x]= 0,560
x= -1,000  f"[x]= 0,375
x= -0,500  f"[x]= -0,052
x= 0,000  f"[x]= 0,000
x= 0,500  f"[x]= -0,307
x= 1,000  f"[x]= -0,219
x= 1,500  f"[x]= -0,136
x= 2,000  f"[x]= -0,079
x= 2,500  f"[x]= -0,045
x= 3,000  f"[x]= -0,025
x= 3,500  f"[x]= -0,013

      PLOT OF 0C
    X <UNITS= 1> ↓
    Y <UNITS= E-1> →
     -3,50          5,70
            0,00
     |-------|-----------|
-2,50        :   x
-2,00        :        x
-1,50        :           x
-1,00        :        x
-0,50       x:
 0,00 x      :
 0,50 x      :
 1,00   x    :
 1,50     x  :
 2,00       x:
 2,50       x:
 3,00        x
 3,50        x
```

Fig. 8 Serien-Ordinaten, f (x)

Einteilung der Abszisse in k-fache von Pi, e u. a., erweist sich der Faktor vorteilhaft. Würde im Testbeispiel der Faktor 0,5 durch Pi/12 ersetzt, so resultierte für x die Folge –6Pi/12, –5Pi/12 usw.

Um bei Fehlerbedingungen, z. B. ln 0 u. a., die kontinuierliche Folge nicht zu unterbrechen, sind in den zugehörigen Routinen 4 Fehlerignorierflags SF 25 enthalten. Daher kommt man nicht umhin, bei einem 0-Argument eine resultierende 0-Ordinate auf ihre Echtheit zu überprüfen. Im Testbeispiel tritt dieser Fall bei Folgen der zweiten Ableitung unter J auf. Einen Näherungswert erhält man durch das arithmetische Mittel benachbarter Ordinaten, z. B. für $x = \pm\ 0{,}05$: $f''(x) = -0{,}303$. Der wahre Wert der Ordinate läßt sich nur bei Kenntnis der betreffenden Funktion oder ggf. durch Grenzwertbestimmung ermitteln. Demzufolge ergäbe beispielsweise die Funktion tan x/x (in H für x = 0 auch y = 0) den Grenzwert $\lim\limits_{x \to o} f(x) = \lim\limits_{x \to o} g'(x)/h'(x) = \lim\limits_{x \to o} l/\cos^2 x = 1$.

Die in der Tabelle 1 enthaltenen 4 Abszissenpunkte (ohne Klammern) sind den Funktionen F(x), f'(x) und f''(x) – dem Schema entsprechend – nur dann zugehörig, wenn sie in f(x) vorkommen. Ungewiß dagegen ist das Vorhandensein von Wendepunkten in f'(x) oder von Extrema und Wendepunkten in f''(x). Da aber im Testbeispiel die fraglichen Funktionsterme vorliegen, sei übungshalber die Tabelle durch die in Klammern gesetzten Argumente für noch vorhandene Extrema und Wendepunkte der Ableitungsfunktionen ergänzt.

4 Anweisungsliste

```
        PRP "DFW"

 01♦LBL "DFW"
CF 28  CF 29  "RAD"  -51
PASN  "DEG"  -61  PASN
6  STO 13  7  STO 15

"f[x]"  ASTO 00  "f'[x]"
ASTO 01  "f"[x]"
ASTO 02  "F[x]"  ASTO 03
"F'[x]"  ASTO 04
"f[x]dx"  ASTO 05
"RECHENOPERAT.:"  PROMPT
```

```
"A f[x] = F'["
"⊦x]    LBL iA"  AVIEW
"B f'[x]      "
"⊦      LBL iB"  AVIEW
"C f"[x]      "
"⊦      LBL iC"  AVIEW
"D If[x]dx = "
"⊦F[x]  LBL iD"  AVIEW
"E EXTREM"  AVIEW
"  ORDINATE"  AVIEW
"F NULLSTELLE"  AVIEW
"G WENDEPUNKT"  AVIEW
"  ORDINATE"  AVIEW
"  STEIG. <GRAD>"  AVIEW
"H ORDIN. f[x"
"⊦] <KONTIN.>"  AVIEW
"I   "   f'["
"⊦x]     ""  AVIEW
"J   "   f"["
"⊦x]     ""  AVIEW
"a E<%> von f"
"⊦'[x], f"[x]"  AVIEW
"b   "    I"
"⊦f[x]dx"  AVIEW
"c GRAPH"  AVIEW  ADV
"WENN MEHR AL"
"⊦S 1 X-FAKTOR"  AVIEW
"IN iA-iD VOR"
"⊦HANDEN, IST"  AVIEW
"HIERF. RCL 0"
"⊦6 ZU SETZEN."  AVIEW
RTN

 80♦LBL A
XEQ 03  XEQ IND 16
FS?C 00  RTN  "* "
ARCL 00  XEQ IND 13  RTN

 89♦LBL B
XEQ 03

 91♦LBL 00
1 E-2  %  X=0?  LASTX
STO 23  2  /  -  STO 10
STO 06  XEQ IND 16
STO 12  RCL 10  RCL 23
+  STO 06  XEQ IND 16
STO 11  RCL 12  -
RCL 23  /  STO 14
FS? 02  RTN  "* "
ARCL 01  XEQ IND 13  CLA
"FUNKT. "  ARCL 01
"⊦ VORHD.? >a"  AVIEW
RTN

126♦LBL C
XEQ 03

128♦LBL 01
1  %  STO 20  RCL 06
XEQ IND 16  30  *  CHS
STO 19  XEQ 02  16  *
ST+ 19  XEQ 02  ST- 19
RCL 20  4  *  ST- 06
RCL 06  SF 25
XEQ IND 16  ST- 19
XEQ 02  16  *  RCL 19  +
RCL 20  X↑2  12  *
SF 25  /  STO 14  FS? 03
RTN  "* "  ARCL 02
XEQ IND 13  "FUNKT."
ARCL 02  "⊦ VORHD.? >a"
AVIEW  RTN

174♦LBL 02
RCL 20  ST+ 06  RCL 06
SF 25  XEQ IND 16  RTN

181♦LBL 03
XEQ IND 15  "ARGUM.?"
PROMPT  STO 06  RTN

187♦LBL a
SF 00  XEQ A

190♦LBL 04
RCL 14  %CH  SCI 2
"* E<%>"  XEQ IND 13
RTN

197♦LBL D
XEQ IND 15
"SW, UG, OG, ?"  PROMPT
STO 09  X<>Y  STO 06
STO 08  -  X<>Y  STO 11
/  STO 23  2  /  ST+ 06
,  STO 10  RCL 11
RCL 07  X<>Y  STO 07
X<>Y
```

```
220♦LBL 05
RCL 07  X<>Y  STO 07
X<>Y  STO 11  RCL 06
XEQ IND 16  RCL 23
ST+ 06  *  ST+ 10
RCL 11  RCL 07  X<>Y
STO 07  X<>Y  DSE 07
GTO 05  STO 07  RCL 10
STO 14  BEEP  "*I"
ARCL 05  XEQ IND 13
"FUNKT. "  ARCL 03
"⊢ VORHD.? >b"  AVIEW
RTN

251♦LBL b
XEQ IND 15  RCL 08
STO 06  XEQ IND 16
STO 11  RCL 09  STO 06
XEQ IND 16  RCL 11  -
GTO 04

263♦LBL 06
"⊢ = "  ARCL X  AVIEW
FIX 3  CF 00  RTN

270♦LBL 07
AON  "NAME ?"  PROMPT
ASTO 16  AOFF  FIX 3
RTN

278♦LBL E
FC?C 05  XEQ IND 15
"SCHAETZBER.?"  PROMPT
X<>Y  STO 23  -  ABS
1 E2  /  ABS  STO 08
RCL 23  STO 06
XEQ IND 16  STO 09
RCL 08  ST+ 23  RCL 23
STO 06  XEQ IND 16
STO 24  RCL 09  X<>Y
X>Y?  GTO 09  SF 01
X<>Y  X>Y?  GTO 09

309♦LBL 08
CF 01  RCL 23  RCL 08  -
STO 06  FIX 5  BEEP
"* X-EXTR."  XEQ IND 13
XEQ IND 16  "* Y-EXTR."
XEQ 12  GTO E
```

```
323♦LBL 09
RCL 24  STO 09  RCL 08
ST+ 23  RCL 23  FS? 00
PSE  STO 06  XEQ IND 16
STO 24  RCL 09  RCL 24
FS? 01  X<>Y  X>Y?
GTO 09  GTO 08

341♦LBL F
FC?C 05  XEQ IND 15
"SCHAETZWERT?"  PROMPT
SF 02  XEQ 00  RCL 11
GTO 11

350♦LBL 10
RCL 06  XEQ IND 16
STO 11

354♦LBL 11
RCL 10  RCL 06  FS? 00
PSE  STO 10  -  RCL 12
RCL 11  STO 12  -  /  *
ST- 06  RCL 06  /  FIX 7
RND  X≠0?  GTO 10
RCL 06  FIX 5  CF 02
BEEP  "* NULLSTELLE"
XEQ 12  GTO F

381♦LBL 12
XEQ IND 13
"REPET.? >R/S"  PROMPT
SF 05  RTN

387♦LBL G
SF 03  CF 04  XEQ IND 15
"SCHAETZBER.?"  PROMPT
+  2  /  X=0?  GTO G
ENTER↑  SIGN  15  *  %
-

404♦LBL 13
STO 06  STO 17  XEQ 01
FS? 00  PSE  SIGN
FS? 04  GTO 15  STO 18

414♦LBL 14
RCL 17  STO 21  ,5  %
ENTER↑  SIGN  *  +
SF 04  GTO 13
```

```
425♦LBL 15
X<> 18  RCL 18  X=Y?
GTO 14  FIX 5  BEEP
"* WENDEPUNKT"  AVIEW
RCL 21  RCL 17  +  2  /
STO 06  "  x"
XEQ IND 13  XEQ IND 16
"  y"  XEQ IND 13  SF 02
RCL 06  XEQ 00  ATAN
X<0?  XEQ 16  "  ∡"
XEQ IND 13  ,  X<>F  CLX
RTN

457♦LBL 16
360  +  RTN

461♦LBL H
XEQ IND 15
"SCHLF. KTR. NR?"
PROMPT  STO 21
"MODULT. FAKT.?"  PROMPT
STO 22

469♦LBL 17
SF 25  RCL 21  INT
RCL 22  *  STO 06
STO 18  "x= "  ARCL X
FS? 02  GTO 18  FS? 03
GTO 19  XEQ IND 16
"⊢  "  ARCL 00  GTO 20

487♦LBL I
SF 02  GTO H

490♦LBL 18
XEQ 00  "⊢  "  ARCL 01
GTO 20

495♦LBL J
SF 03  GTO H

498♦LBL 19
XEQ 01  "⊢  "  ARCL 02

502♦LBL 20
"⊢= "  ARCL X  AVIEW
ISG 21  GTO 17  CF 02
CF 03  RTN

511♦LBL c
,  STO 03  XROM "PRPLOT"
XEQ "DFW"  RTN

517♦LBL "0A"
2  *  1  -  XEQ 21  /
RTN

525♦LBL "0B"
RCL 06  X↑2  -  6  +  2
*  XEQ 21  X↑2  /  RTN

537♦LBL "0C"
2  *  CHS  1  +  2  *
XEQ 21  *  RCL 06  7  *
RCL 06  3  Y↑X  -  6  +
8  *  -  XEQ 21  3  Y↑X
/  RTN

564♦LBL "0D"
RAD  XEQ 21  LN  RCL 06
1  +  2  /  ATAN  1,5  *
-  DEG  RTN

579♦LBL 21
RCL 06  X↑2  RCL 06  2
*  +  5  +  RTN  END
```

Funktionswerte

Vollständiges Flußdiagramm

XEQ DFW
Register Flags T.Zuordng.
Legende

A B C
Name? Argument?
Berechnung Funktions-Einzelwerte
f(x) f'(x) f''(x)

D
Name? Schrittw? UG? OG?
Berechnung
$\int_{UG}^{OG} f(x)dx$

E
Name? Schätz-bereich?
Berechnung
Extrem

F
Name? Schätz-wert?
Berechnung
Null-stelle

G
Name? Schätz-bereich?
Ausgangs-Argument
13
Vorzeichen von f''(x)
FS ? 04 — ja
14
Berechnung Folge-argument
SF 04

15
Vorz. gleich? — ja
Arithm.Mi. d.letzten Arg.Paares
Wende-punkt
Ordinate
Wendep.-Neigungs-winkel

H I J
Name? Schleifen-steuerung?
f(x) f'(x) f''(x)

oA
Test-Funkt.T. f(x)

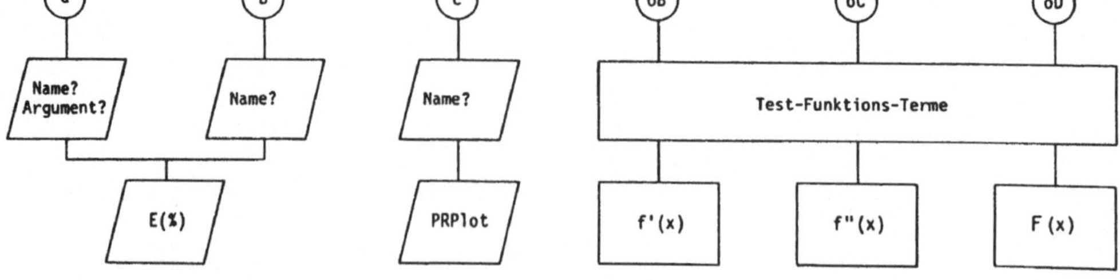

Darstellung von Funktionswerten

Benötigte Programmregister: 218

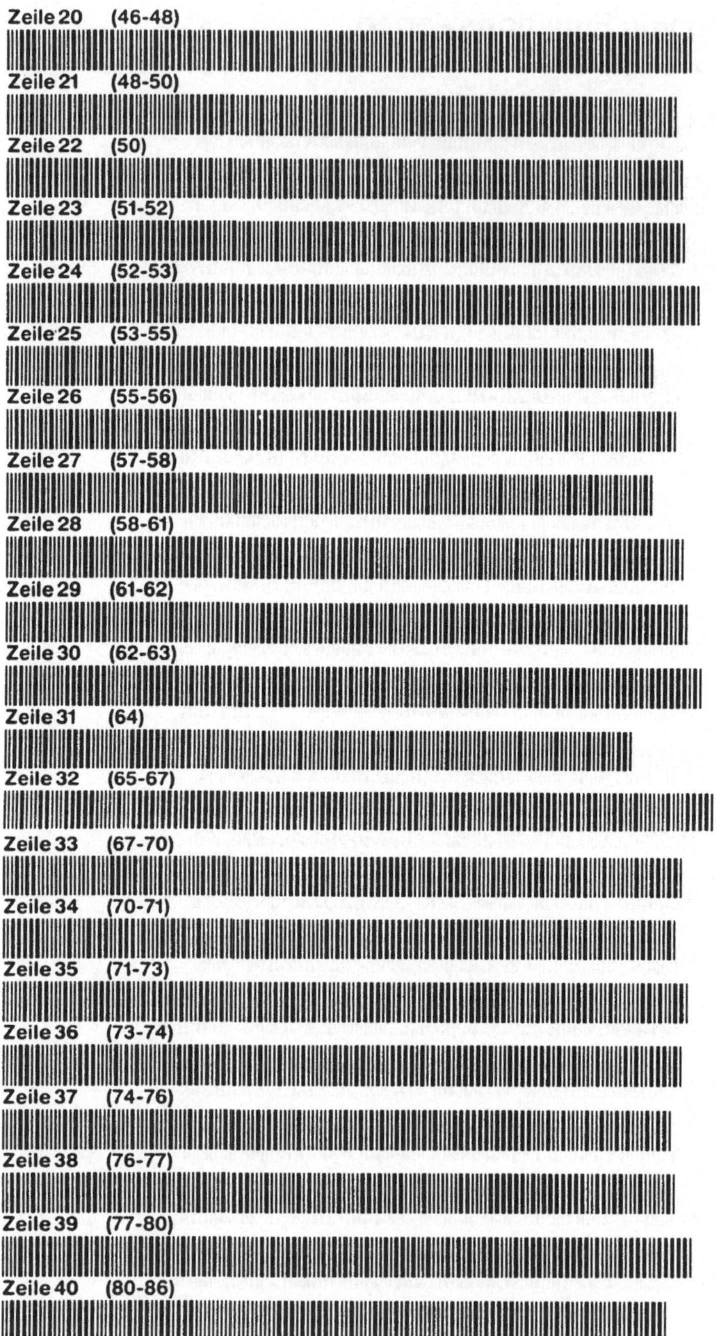
Zeile 20 (46-48)
Zeile 21 (48-50)
Zeile 22 (50)
Zeile 23 (51-52)
Zeile 24 (52-53)
Zeile 25 (53-55)
Zeile 26 (55-56)
Zeile 27 (57-58)
Zeile 28 (58-61)
Zeile 29 (61-62)
Zeile 30 (62-63)
Zeile 31 (64)
Zeile 32 (65-67)
Zeile 33 (67-70)
Zeile 34 (70-71)
Zeile 35 (71-73)
Zeile 36 (73-74)
Zeile 37 (74-76)
Zeile 38 (76-77)
Zeile 39 (77-80)
Zeile 40 (80-86)

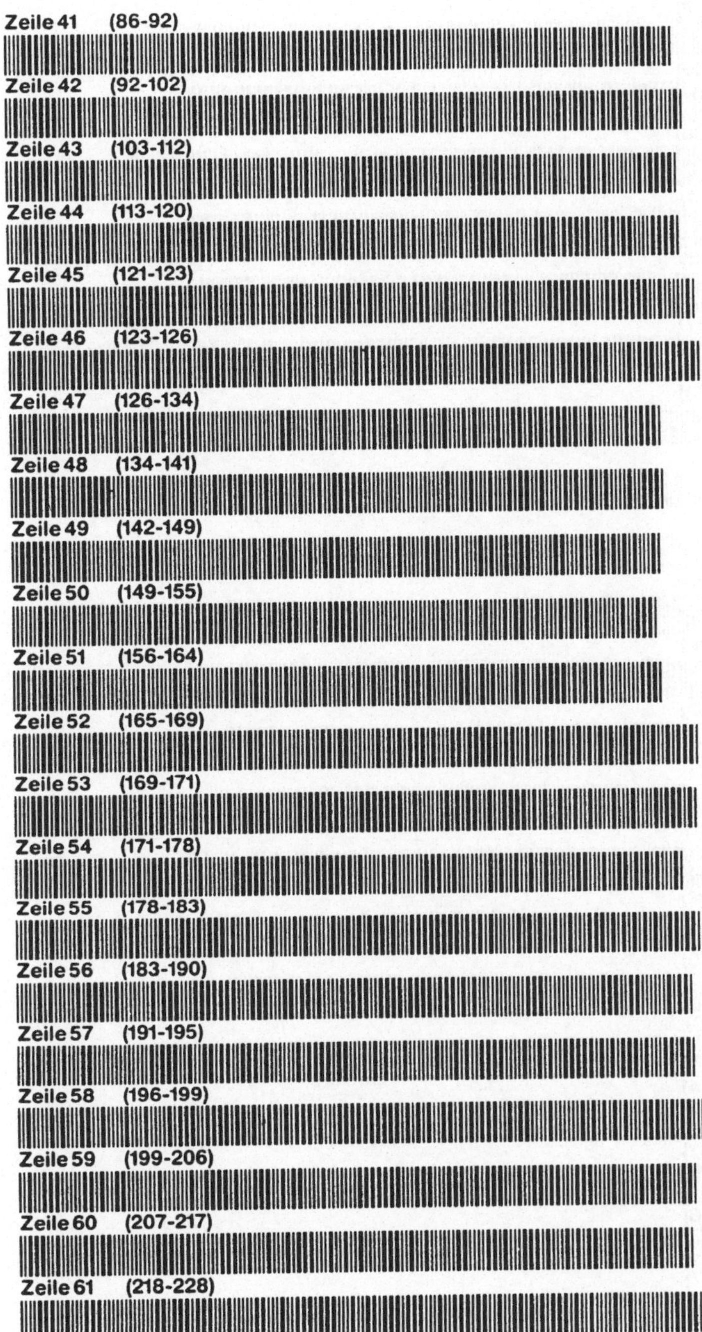
Zeile 41 (86-92)
Zeile 42 (92-102)
Zeile 43 (103-112)
Zeile 44 (113-120)
Zeile 45 (121-123)
Zeile 46 (123-126)
Zeile 47 (126-134)
Zeile 48 (134-141)
Zeile 49 (142-149)
Zeile 50 (149-155)
Zeile 51 (156-164)
Zeile 52 (165-169)
Zeile 53 (169-171)
Zeile 54 (171-178)
Zeile 55 (178-183)
Zeile 56 (183-190)
Zeile 57 (191-195)
Zeile 58 (196-199)
Zeile 59 (199-206)
Zeile 60 (207-217)
Zeile 61 (218-228)

Zeile 62 (229-238)

Zeile 63 (238-246)

Zeile 64 (246-248)

Zeile 65 (248-251)

Zeile 66 (252-261)

Zeile 67 (262-267)

Zeile 68 (268-273)

Zeile 69 (274-281)

Zeile 70 (281-282)

Zeile 71 (283-291)

Zeile 72 (292-300)

Zeile 73 (300-309)

Zeile 74 (310-317)

Zeile 75 (317-320)

Zeile 76 (320-322)

Zeile 77 (322-330)

Zeile 78 (331-339)

Zeile 79 (339-344)

Zeile 80 (344-347)

Zeile 81 (347-356)

Zeile 82 (357-367)

Zeile 83 (368-376)
Zeile 84 (377-378)
Zeile 85 (378-383)
Zeile 86 (383-385)
Zeile 87 (386-391)
Zeile 88 (391-395)
Zeile 89 (396-405)
Zeile 90 (406-412)
Zeile 91 (412-420)
Zeile 92 (421-428)
Zeile 93 (429-432)
Zeile 94 (432-438)
Zeile 95 (439-443)
Zeile 96 (444-450)
Zeile 97 (451-457)
Zeile 98 (458-463)
Zeile 99 (463-464)
Zeile 100 (465-466)
Zeile 101 (466-471)
Zeile 102 (472-478)
Zeile 103 (479-484)

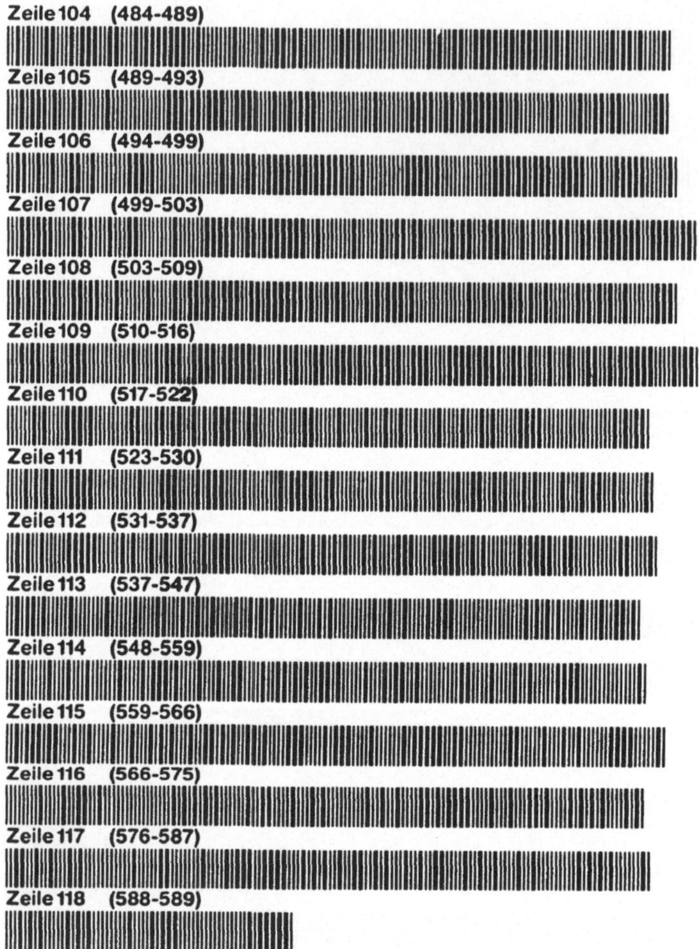
Zeile 104 (484-489)
Zeile 105 (489-493)
Zeile 106 (494-499)
Zeile 107 (499-503)
Zeile 108 (503-509)
Zeile 109 (510-516)
Zeile 110 (517-522)
Zeile 111 (523-530)
Zeile 112 (531-537)
Zeile 113 (537-547)
Zeile 114 (548-559)
Zeile 115 (559-566)
Zeile 116 (566-575)
Zeile 117 (576-587)
Zeile 118 (588-589)

Relaisschaltungen – Entwurf und Test mit dem HP-41

Herbert Hoffmann

1 Einleitung

Trotz stürmischer Entwicklung der industriellen Elektronik werden in nicht wenigen Industriezweigen – aus welchen Gründen auch immer – weiterhin kontaktbehaftete Schaltungen verwendet. Da sich hier Maßnahmen zur Minimisierung meist vorteilhaft auswirken, sollte jede Möglichkeit zur Einsparung von Kontakten genutzt werden. Eine davon ist das hier vorgestellte Programm. Es hilft beim Entwurf von Relaisschaltungen und gestattet die Überprüfung entworfener Kontaktschaltungen.

Das Programm liefert eine Kontaktkaskase mit möglichst wenig Kontakten. Anregung dazu gab das Buch „Grundlagen der Struktursynthese von Relaisschaltungen" von *W. N. Roginskij*, R. Oldenbourg, München. In diesem Buch wird unter anderem eine graphische Methode für den Entwurf von Kontaktschaltungen beschrieben. Der Verfasser bemerkt dazu: „Proben der Anwendung der graphischen Methode zeigen, daß die damit erstellten Schaltungen besonders im Falle von Kontaktvielpolen meist einfacher sind als Schaltungen, die man mit anderen Methoden erhält."

Die Gleichförmigkeit der Kaskadenmethode ermöglicht einen Algorithmus zum Entwurf von Schaltungen mit Hilfe eines Programms. Dem handlichen HP-41 sind natürlich durch seinen Speicherumfang und seine Anzeige Grenzen gesetzt.

> **Achtung!** Vor dem Arbeiten mit dem Programm ist ein ASCII-File mit 124 Registern (Kapazität des X-Funktions-Moduls) und dem Namen "K" mit XEQ "CRFLAS" anzulegen und ein beliebiger Wert in das Alpha-Register mit XEQ "APREC" einzugeben. Weiter ist durchzuführen: FIX 0, CF 29; SIZE 030; Σ REG 22; SIZE 021; ASN "RS" BEEP; ASN "SIGN" SCI; ASN "FC?" CF.

Folgende lokale Marken werden verwendet:

A: Anfangswerte
B: Basis
C: Eingabe einer Kontaktschaltung
D: Eingabe der Nummernsätze
E: Eingabe der Erregerzahlen
F: Vergleich einer Schaltung mit einem Nummernsatz
G: Vergleich zweier Schaltungen
H: Hohes Potential an Relaisspulen
I: Ausgabe aller Kontakte und Verbindungen
J: Ausgabe der Nummernsätze
a: Ausgabe aller Ausgangswerte einer Schaltung
b: Berechnung der Nummernsätze
e: Ausgabe von Einzelkontakten.

2 Die einzelnen Marken

A: Nach A! fragt der Rechner mit "EING. VAR.?" nach der Anzahl der Eingangs-Variablen, die bis maximal 5 mit R/S! eingegeben wird. Anschließend wird mit "AUSG.?" die Anzahl der Ausgänge erwartet. Dann erscheint in der Anzeige "a-e?". Hier möchte der Rechner wissen, in welcher Reihenfolge die Kontakte in die Schaltung eingehen sollen (Basis). Die Reihenfolge ist frei wählbar, jedoch kann z.B. bei 4 Eingangs-Variablen nur zwischen den Kontakten „a–d" gewählt werden.

Der Rechner verweigert mit "NONEXISTENT" eine unrichtige Anzahl der Kontakte und mit "DATA ERROR" die Eingabe eines falschen Kontaktes, jedoch nicht die unzulässig mehrfache Eingabe des gleichen Kontaktes. Zur Kontrolle wird die Reihenfolge der Kontakte am Ende der Übernahme angezeigt.

B: Mit dieser Taste kann die Reihenfolge der Kontakte verändert werden. Bei einer Änderung der Basis ändern sich die "Gewichte" der Relais. Hierdurch können verschiedene Schaltungen entstehen; die günstigste ist manuell auszuwählen. Ist die Basis "abcde", dann sind die Gewichte:

$a = 2^4$; $b = 2^3$; $c = 2^2$; $d = 2^1$; $e = 2^0$.

C: Kontaktschaltungen werden als Unterprogramme in den Rechner eingegeben. Nach C! wird mit "MARKE?" nach der globalen Marke des Unterprogramms gefragt, die für den Ausgangspunkt "P1" gelten soll. Bei mehreren Ausgängen sind die entsprechenden Marken der Unterprogramme einzugeben. Die einzelnen Schaltungen werden durchlaufen und alle Kombinationsnummern mit dem Ausgangswert "1" in das X-Funktions-Modul eingespeichert. (Alle Kombinationsnummern einer Schaltung mit dem Ausgangswert "1" werden als "Nummernsatz" dieser Schaltung bezeichnet.)

Da das Nullzeichen Schwierigkeiten bereiten kann, sind alle eingegebenen Kombinationsnummern um 1 erhöht. Der Rechner übernimmt maximal 23 Nummern. Bei 5 Eingangs-Variablen können – je nach Schaltung – mehr als 23 Kombinationen den Ausgangswert "1" annehmen. Der Rechner verweigert die Übernahme mit "OUT OF RANGE" und gibt ein BEEP-Signal.

D: Liegen die Ausgangswerte einer Schaltung in Form einer Funktionstabelle oder eines Nummernsatzes vor, wird die Taste D betätigt. Der Rechner fragt mit "NS 1?" nach dem Nummernsatz des Ausgangs 1. Hier sind die Kombinationsnummern mit Ausgangswert "1" einzeln einzugeben. Sind alle Nummern eingegeben, wird nach einer weiteren Frage "NS 1?" ohne eine Eingabe R/S! betätigt. Liegen mehrere Ausgänge vor, wird jetzt nach den Nummernsätzen der weiteren Ausgänge gefragt.

E: Die Taste E vereinfacht die Eingabe bei einer symmetrischen Schaltung. Was ist darunter zu verstehen? Die Antwort in Form einer Aufgabe: „Am Ausgang einer Schaltung soll dann ein "1"-Signal vorhanden sein, wenn von 4 Relais 2 oder 3 beliebige Relaisspulen unter Spannung stehen, nicht bei 0, 1 oder 4!" Natürlich könnte diese Bedingung in eine Funktionstabelle übertragen und mit Taste D in den Rechner eingegeben werden. Einfacher geht es jedoch mit E! Der Rechner fragt mit "EZ P1?" nach den Erregerzahlen der Schaltung für den Ausgangspunkt 1. Für obige Aufgabe sind einzugeben: 2 R/S!; 3 R/S!; R/S!. Der Rechner ermittelt den entsprechenden Nummernsatz.

Das Programm benutzt für "D" und "E" auf weite Strecken die gleichen Programmschritte. Bei D! wird in den DEG-Modus, bei E! in den RAD-Modus geschaltet und Flag 43 an entsprechender Stelle des Programms getestet.

Für **C**, **D** und **E** gilt: Nach der jeweils „letzten" Eingabe wird eine günstige Kontaktschaltung ermittelt.

F: Nach F! fragt der Rechner mit "MARKE ?" nach der globalen Marke einer Schaltung und anschließend mit "P?" nach dem Ausgangspunkt. Bei Übereinstimmung aller Ausgangswerte erscheint "=", im anderen Fall das "≠"-Zeichen mit Angabe der Kombinations-Nummer, bei der erstmals Ungleichheit auftritt.

G: Mit Betätigung dieser Taste werden zwei Schaltungen miteinander verglichen, deren Marken mit "MARKE 1?" und "MARKE 2?" erfragt wurden. Bei G! wird in den GRAD-Modus geschaltet und Flag 42 zum Test herangezogen.

H: Nach H! fragt der Rechner mit "MARKE ?" nach der Marke einer Schaltung und anschließend mit "A-E↗?", welche Relaisspule an Spannung liegen soll. Die Eingabe erfolgt mit großen Buchstaben "A – E" in beliebiger Reihenfolge; falsche Buchstaben werden mit „DATA ERROR" verweigert. Mit diesem Test kann geprüft werden, wie sich eine Umschaltung von Kontakten innerhalb einer gegebenen Schaltung auswirkt. Soll kein Relais an Spannung liegen, wird R/S! ohne Eingabe betätigt. Bei einem weiteren Test der gleichen Schaltung wird R/S! betätigt; die Frage nach der Marke unterbleibt.

I: Nach I! gibt der Rechner den ersten ermittelten Kontakt und seine Verbindung heraus. Mit jeweils R/S! werden die weiteren Kontakte genannt. Die Anzeige kann folgendes Aussehen haben:

"c1A-2"	: Arbeitskontakt von c1 geht nach Punkt 2
"b2A↑b1R/6"	: Arbeitskontakt von b2 ist verbunden mit Ruhekontakt b1
"a1A+/8"	: Arbeitskontakt von a1 geht zum Pol der Spannungsquelle
"a1R*9"	: Ruhekontakt von a1 entfällt
"b1x-5"	: Kontakt b1 entfällt; Verbindung nach Punkt 5.

J: Der Rechner fragt mit "P?" nach dem Ausgangspunkt, dessen Nummernsatz gewünscht wird. Mit R/S! werden alle Werte des Nummernsatzes genannt. Die Ausgabe wird mit z. B. "P (1) Σ 4" beendet, was bedeuten soll, daß der Nummernsatz des Punktes 1 4 Werte hat. Die Eingabe eines nicht vorhandenen Ausgangspunktes wird mit „DATA ERROR" verweigert.

a: Nach Eingabe der Marke der Schaltung werden jeweils bis 8 Ausgangswerte errechnet und dann gemeinsam ausgegeben. Außerdem bringt die Anzeige die erste und die letzte Kombinationsnummer, für die die Ausgangswerte errechnet wurden. Den Abschluß bildet die Meldung "AWΣ" = alle Ausgangswerte sind ausgegeben.

b: Diese Taste wird betätigt, wenn ohne Berechnung einer Kontaktkaskade nur der Nummernsatz gewünscht wird. Nach b! fragt der Rechner mit "CE?", ob eine Kontaktschaltung nach "C" oder ob die Erregerzahlen einer symmetrischen Schaltung nach "E" „vorhanden" sind. Bei einer symmetrischen Schaltung wird "E" eingegeben und R/S! betätigt. Bei einer Kontaktschaltung genügt die Betätigung von R/S!; der Buchstabe "C" wird automatisch übernommen. Die Eingabe der benötigten Werte geschieht wie unter "C" bzw. "E" beschrieben. Die Berechnung wird mit der Meldung "NSΣ" abgeschlossen. Der Nummernsatz wird mit J! abgerufen.

e: Diese Taste bringt die „Kennzeichen" eines gewünschten Punktes der Schaltung (außer Ausgangspunkte) und wird verwendet, wenn einzelne Punkte der Schaltung überprüft werden sollen.

3 Eingabe von Schaltungen

Die Bedingungen einer Schaltung können durch einen Schaltplan, durch Nummernsätze oder bei symmetrischen Schaltungen durch die Erregerzahlen vorgegeben sein. Wir üben zunächst die Eingabe einiger Schaltungen nach modifizierten Schaltplänen. Bei Kontakten werden "Öffner", "Schließer" und "Wechsler" unterschieden. Da der Umlaut "ö" von dem Rechner nicht dargestellt werden kann und der Buchstabe "S" bei der Anzeige des Rechners mit der Zahl "5" leicht zu verwechseln ist, wird hier ein Öffner als "Ruhekontakt" und ein Schließer als "Arbeitskontakt" bezeichnet und mit "R" bzw. "A" abgekürzt.

Im Unterprogramm lassen sich für die Kontakte die im Rechner vorhandenen Flags einsetzen; als Wechsler allerdings nur in „Flußrichtung" vom „Pol" zu bei beiden „Ausgängen". Die als Unterprogramm eingegebene Schaltung wird vom

Testprogramm immer mit dem Signalwert Null "Ø" begonnen. Erst beim „Pluspol" "+" wird der Signalwert "1" erzeugt. Von den verschiedenen Rechnermöglichkeiten habe ich dafür den Befehl "Signum" ausgewählt und der Taste SCI zugeordnet.

Für die Kennzeichnung der Flags geben wir mit den Tasten "ABCDE" den entsprechenden Index ein. Die Taste "A" erzeugt z. B. den Index 01; die Taste "E" z. B. den Index 05. Als globale Marke des Unterprogramms verwenden wir die Bezeichnung der Abbildung; als „Klemmen" numerische Labels.

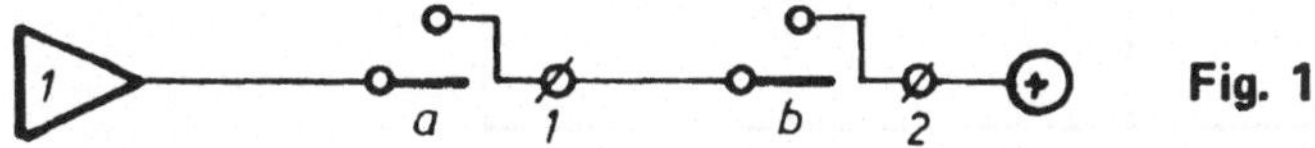

Fig. 1

Fig. 1 zeigt eine Reihenschaltung der beiden Arbeitskontakte a und b. Wir können formulieren: „Wenn Arbeitskontakt a geschlossen ist, gib Spannung auf Klemme 1; wenn Arbeitskontakt b geschlossen ist, gib Spannung auf Klemme 2!" Im Unterprogramm sagen wir dafür: "FS? A!:GTO 01; FS? B!: GTO 02." Eine Spannungsunterbrechung signalisieren wir mit "RTN" (kehre mit Signalwert "Ø" zurück). Damit haben wir eine Möglichkeit, Arbeitskontakte darzustellen. Das Unterprogramm für die Schaltung nach Fig. 1 lautet:

```
01 LBL  "1"
02 FS?  01          (Eingabe: FS?! A!)
03 GTO  01
04 RTN
05 LBL  01
06 FS?  02          (Eingabe: FS?! B!)
07 GTO  02
08 RTN
09 LBL  02
10 SIGN             (Eingabe: SCI!)
11 END
```

Nach der Eingabe des Unterprogramms: BEEP! Damit springen wir ins Testprogramm. Für den weiteren Ablauf verwenden wir folgende Tabelle:

Anzeige	Eingabe	Taste
"?"		A!
"EING. VAR.?"	2	R/S!
"AUSG.?"	1	R/S!
"a-e?"	"ab"	R/S!
"ab"		a!
"MARKE ?"	"1"	R/S!
"Ø:ØØØ1:3"		R/S!
"AWΣ"		

Ergebnis: Die Schaltung nach Fig. 1 hat bei den Kombinationen 0–2 jeweils den Ausgangswert "Ø", bei der Kombination 3 den Wert "1".

Bei einer anderen Fragestellung können wir auf die GTO-Befehle und die „Klemmen" verzichten. „Ist der Arbeitskontakt **NICHT** geschlossen? Dann kehre mit Signalwert "Ø" zurück!" Im Unterprogramm verwenden wir dafür: "FC?! RTN"

Den Befehl FC? habe ich das Taste "CF" zugeordnet. Mit der globalen Marke "1a" lautet das Unterprogramm für die Schaltung nach Fig. 1 jetzt:

```
01 LBL  "1a"
02 FC?  01        (Eingabe: CF! A!)
03 RTN
04 FC?  02        (Eingabe: CF! B!)
05 RTN
06 SIGN           (Eingabe: SCI!)
07 END
```

Wir testen auch dieses Unterprogramm. Da sich die „Anfangswerte" nicht geändert haben, können wir auf A! verzichten und geben nach a! die Marke "1a" ein. Das *Ergebnis* ist ebenfalls "Ø:ØØØ1:3".

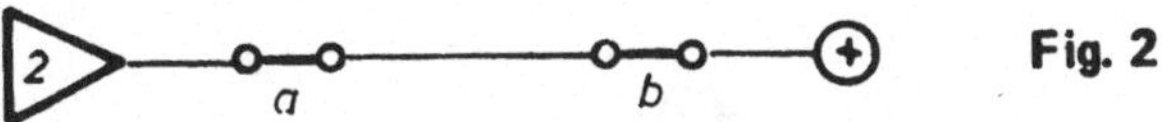

Fig. 2

Für Ruhekontakte geben wir ein: "FS?! RTN". Das Unterprogramm für die Schaltung nach **Fig. 2** lautet:

```
01 LBL   "2"
02 FS?   01          (Eingabe: FS?! A!)
03 RTN
04 FS?   02          (Eingabe: FS?! B!)
05 RTN
06 SIGN              (Eingabe: SCI!)
07 END
```

> *Ergebnis:* "Ø:1ØØØ:3". Die Schaltung nach Fig. 2 hat bei der Kombination 0 den Ausgangswert "1", bei den Kombinationen 1–3 jeweils den Wert "Ø".

Eine Parallelschaltung der beiden Reihenschaltungen nach Fig. 1 und 2 müßte als *Ergebnis* bringen: "Ø:1ØØ1:3".

Das Unterprogramm für die Schaltung nach **Fig. 3** hat folgende Schritte

```
01 LBL  "3"     05 LBL  01     12 LBL  02
02 XEQ  01      06 FC?  01     13 FS?  01
03 XEQ  02      07 RTN         14 RTN
04 RTN          08 FC?  02     15 FS?  02
                09 RTN         16 RTN
                10 SIGN        17 SIGN
                11 RTN         18 END
```

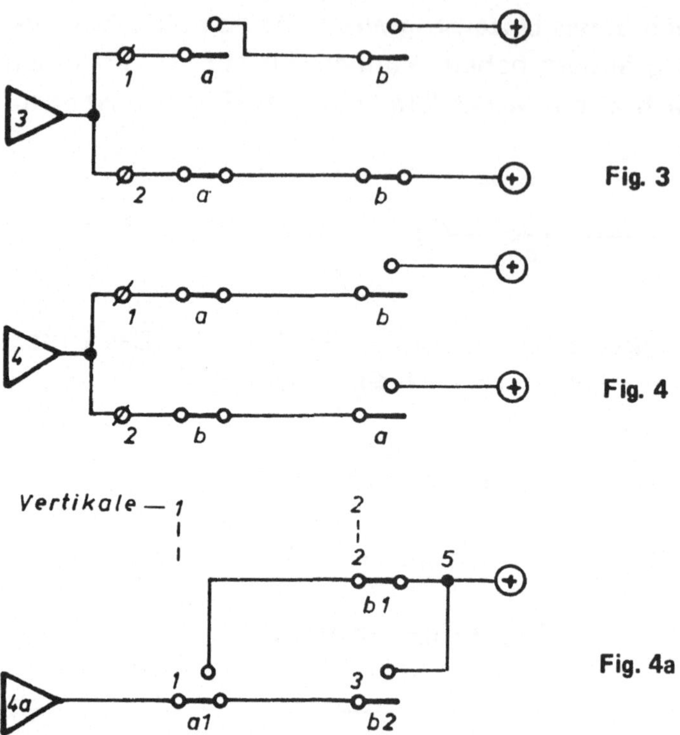

Fig. 3

Fig. 4

Fig. 4a

Auch hier haben sich die „Anfangswerte" nicht geändert. Nach a! geben wir als MARKE "3" ein. Als *Ergebnis* erhalten wir wie gewünscht: "Ø:1ØØ1:3".

Die Schaltung nach **Fig. 4** stellt ein Exklusiv-Oder dar.

Hierfür gilt: Am Ausgang ist nur dann ein "1"-Signal, wenn von zwei Relais nur eins in Arbeitsstellung ist, nicht wenn beide in Ruhestellung oder beide in Arbeitsstellung sind.

Das Unterprogramm für die Schaltung nach Fig. 4 hat folgende Schritte:

```
01 LBL  "4"
02 XEQ  01
03 XEQ  02
04 RTN
05 LBL  01
06 FS?  01
07 RTN
08 FC?  02
09 RTN
10 SIGN
11 RTN
12 LBL  02
13 FS?  02
14 RTN
15 FC?  01
16 RTN
17 SIGN
18 END
```

Nach a! geben wir "4" ein und erhalten als *Ergebnis:* "Ø:Ø11Ø:3".

Bei dieser Schaltung wollen wir den Einsatz der Taste "H" üben. Also H! "MARKE ?" "4" R/S! "A-E↗–". Wir betätigen R/S! ohne eine Eingabe. Das bedeutet: Alle Relaisspulen sind spannungslos. *Ergebnis:* "Ø". Nun R/S! "A-E↗?" "A" R/S! (die Spule des Relais A steht unter Spannung, die Kontakte dieses Relais sind in Arbeitsstellung). *Ergebnis:* "1". R/S! "A-E↗?" "B" R/S! *Ergebnis:* "1". R/S! "A-E↗?" "AB" R/S! (die Spulen beider Relais stehen unter Spannung, die Kontakte beider Relais sind in Arbeitsstellung). *Ergebnis:* "Ø".

Wir wollen sehen, ob der Rechner diese einfache Schaltung ebenfalls findet. C!: "MARKE P1?" "4" R/S! Nach ca. 1,5 Minuten ertönt ein BEEP-Signal; in der Anzeige steht die Ziffer 7. Die Ziffer 7 besagt, daß der Rechner eine Schaltung mit 7 Punkten ermittelt hat, die wir wie folgt „auf's Papier" bringen (siehe Fig. 4a):

Wir zeichnen an den linken Rand ein Dreieck, dessen Spitze zum Punkt 1 zeigt. (Da sich die Schaltung nach oben hin „ausbreitet", darf das Dreieck nicht zu weit oben angesetzt werden.) Nach I! bringt der Rechner: "a1A-2", d.h. der Arbeitskontakt des Relais a geht nach Punkt 2. Dieser Punkt 2 liegt auf der 2. Vertikalen. R/S!: "a1R-3", d.h. der Ruhekontakt des Relais a geht nach Punkt 3. Die beiden Punkte 2 und 3 stellen die Pole eines weiteren Relais dar. R/S!: "b1A*/4".

Es besagt: Der Arbeitskontakt des Relais b1 entfällt, die Nummer des Punktes 4 dient nur zur Kontrolle. R/S!: "b1R+/5", d.h. der Ruhekontakt des Relais b1 geht an den Pluspol der Spannungsquelle. Hier tragen wir die Nummer des Punktes 5 ein. R/S!: "b2A+/6", d.h. der Arbeitskontakt des Relais b2 geht ebenfalls an "+". R/S!: "b2R*/7", d.h. der Ruhekontakt des Relais b2 entfällt. Damit haben wir alle 7

Punkte übernommen. Zur Kontrolle R/S!: "Σab", alle Kontakte der Relais a und b mit ihren Verbindungen sind ausgegeben.

Die beiden Kontakte b1 und b2 gehören zur gleichen Relaisspule B. Der Rechner hat die einfache Schaltung nach Fig. 4 noch weiter vereinfacht und die beiden Kontakte des Relais a zu einem Wechsler vereinigt. (Leider schafft es der Rechner nicht, auch die beiden Kontakte des Relais b zu einem Wechsler zu vereinigen. In der Praxis ist der letzte Kontakt der Schaltung zu einem Wechsler mit Pol zur Spannungsquelle umzuzeichnen!)

Die Schaltung nach Fig. 4a geben wir wie folgt als Unterprogramm ein:

```
01 LBL  "4a"     05 GTO  05     09 RTN
02 FS?  01       06 RTN         10 LBL  05
03 GTO  02       07 LBL  02     11 SIGN
04 FS?  02       08 FS?  02     12 END
```

Nach der Eingabe des Unterprogramms wieder mit BEEP! ins Testprogramm. Wir wollen prüfen, ob die beiden Schaltungen nach Fig. 4 und 4a gleiche Ausgangswerte haben. Hierfür G!:

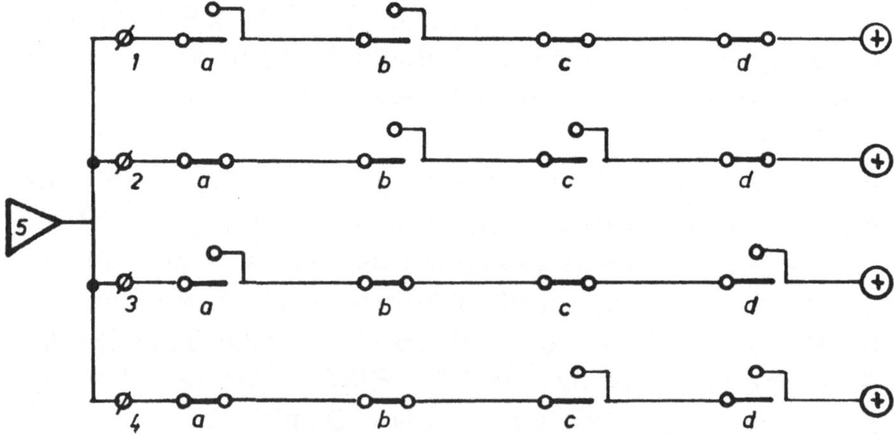

Fig. 5

"MARKE 1?" "4" R/S!: "MARKE 2?" "4a" R/S! Nach knapp 10 Sekunden meldet der Rechner mit "=", daß beide Schaltungen übereinstimmen.

Nun übertragen wir die Schaltung nach **Fig. 5** und lassen vom Rechner feststellen, welche Vereinfachungen möglich sind. Hier das Unterprogramm:

```
LBL  "5"
XEQ  01
XEQ  02
XEQ  03
XEQ  04
RTN
LBL  01
FC?  01
RTN
FC?  02
RTN
FS?  03
RTN
FS?  04
RTN
SIGN
RTN
LBL  02
FS?  01
RTN
FC?  02
RTN
FC?  03
RTN
FS?  04
RTN
SIGN
RTN
LBL  03
FC?  01
RTN
FS?  02
RTN
FS?  03
RTN
FC?  04
RTN
SIGN
RTN
LBL  04
FS?  01
RTN
FS?  02
RTN
FC?  03
RTN
FC?  04
RTN
SIGN
RTN  oder END
```

4 Berechnungen

Nach der Eingabe der Schaltung verwenden wir für den weiteren Ablauf folgende Tabelle:

Anzeige	Eingabe	Taste
beliebig		BEEP!
"?"		A!
"EING. VAR.?"	4	R/S!
"AUSG.?"	1	R/S!
"a-e?"	"abcd"	R/S!
"abcd"		C!
"MARKE P1?"	"5"	R/S!

Nach ca. 4 Minuten ertönt ein BEEP-Signal mit der Meldung, daß eine Schaltung mit 19 Punkten ermittelt wurde. Die mit I! ausgegebene Schaltung zeigt Fig. 5a. Auch hier werden die beiden Kontakte d1 und d2 zu einem Wechsler vereinigt. Wir versuchen, ob durch Veränderung der Basis die Schaltung weiter vereinfacht werden kann. B! "a-e?", beliebig einmal "adbc" R/S! Die Zahl 19 in der Anzeige läßt uns vermuten, daß keine günstigere Schaltung gefunden wurde, wie auch die ausgegebene Schaltung nach Fig. 5b zeigt.

Noch einmal B! "a-e?" Wieder auf gut Glück "acbd" R/S! R/S! Nach ca. 2 Minuten 45 Sekunden meldet der Rechner eine Schaltung mit 13 Punkten. Die ermittelte Schaltung zeigt Fig. 5c. Die für die Praxis umgezeichnete Schaltung nach Fig. 5d zeigt einen Wechsler je Relais. Gegenüber der Schaltung nach Fig. 5 eine erstaunliche Vereinfachung.

Aus der Funktionstabelle lesen wir den Nummernsatz NS = 1, 2, 4, 7 ab, den wir wie folgt eingeben:

c	b	a	K	A
Ø	Ø	Ø	Ø	Ø
Ø	Ø	1	1	1
Ø	1	Ø	2	1
Ø	1	1	3	Ø
1	Ø	Ø	4	1
1	Ø	1	5	Ø
1	1	Ø	6	Ø
1	1	1	7	1

Anzeige	Eingabe	Taste
beliebig		A!
"EING. VAR.?"	3	R/S!
"AUSG.?"	1	R/S!
"a-e?"	"cba"	R/S!
"cba"		D!
"NS 1?"	1	R/S!
"NS 1?"	2	R/S!
"NS 1?"	4	R/S!
"NS 1?"	7	R/S!
"NS 1?"		R/S!

4
9
17
c1
d1
2
5
11
b1
c2
d2
6
c3
3
7
5a
a1
b2
c4
4
9
17
b1
c1
2
5
d1
b2
6
13
b3
c2
1
3
7
5b
a1
d2
b4
8
11
d1
2
5
9
c1
b1
d2
1
3
5c
a1
c2
5d
a
c
b
d

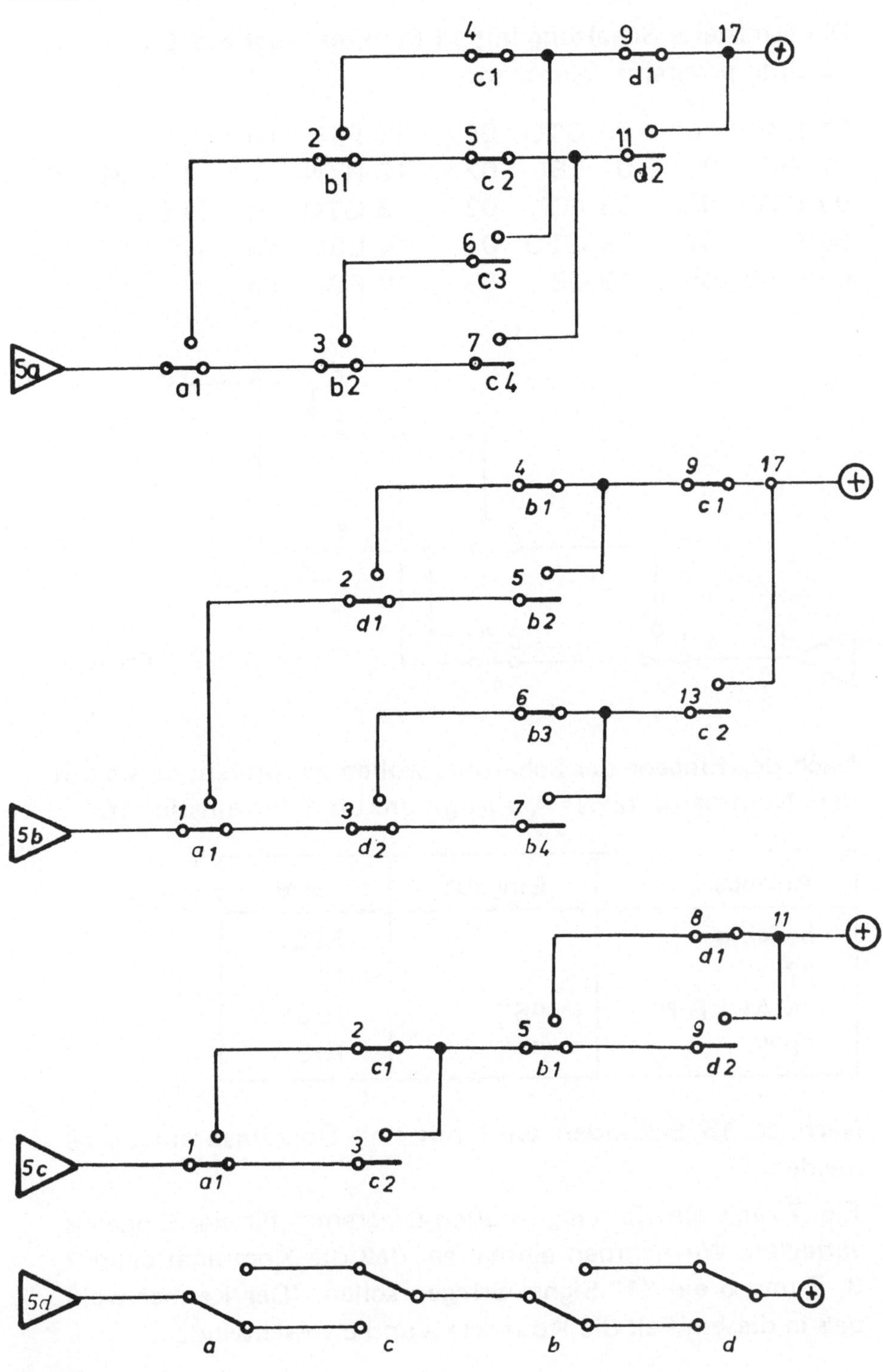

Fig. 5

Die ermittelte Schaltung mit 11 Punkten zeigt **Fig. 6** , die wir als Unterprogramm eingeben:

```
01 LBL  "6"    06 GTO  04    11 FS?  01    16 RTN
02 FS?  03     07 LBL  02    12 RTN        17 LBL  08
03 GTO  02     08 FS?  02    13 GTO  08    18 SIGN
04 FS?  02     09 GTO  04    14 LBL  04    19 END
05 GTO  05     10 LBL  05    15 FC?  01
```

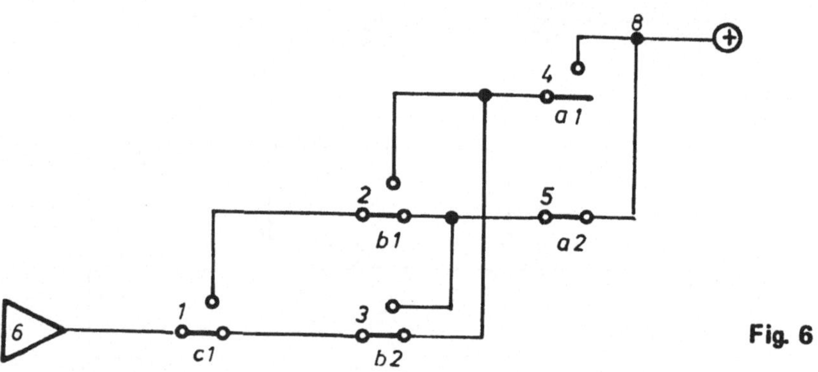

Fig. 6

Nach der Eingabe der Schaltung wollen wir prüfen, ob sie mit dem Nummernsatz des Ausgangspunktes 1 übereinstimmt.

Anzeige	Eingabe	Taste
beliebig		BEEP!
"?"		F!
"MARKE ?"	"6"	R/S!
"P?"	"1"	R/S!

Nach ca. 15 Sekunden wird mit "=" Übereinstimmung gemeldet.

Fig. 7 zeigt ein Karnaugh-Veitch-Diagramm für vier Eingangsvariablen. Wir nehmen einmal an, daß die Kombinationen 2, 3, 7 und 6 ein "1"-Signal bringen sollen. (Der Kenner weiß, daß in diesem Fall die Kontakte a und c verschwinden.)

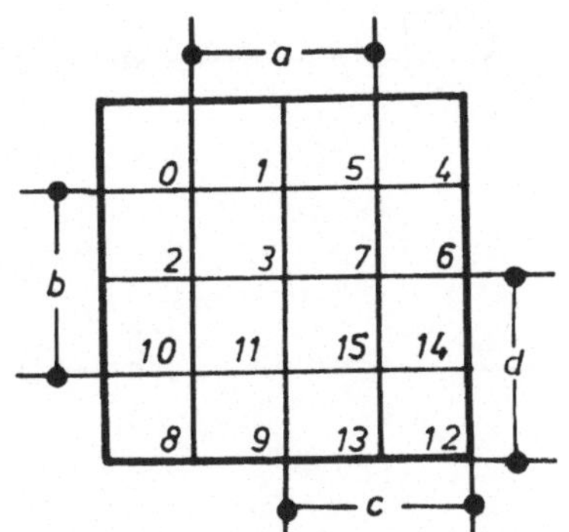

Fig. 7

Die Eingabe wieder in Tabellenform:

Anzeige	Eingabe	Taste
beliebig		BEEP!
"?"		A!
"EING. VAR.?"	4	R/S!
"AUSG.?"	1	R/S!
"a-e?"	"dcba"	R/S!
"dcba"		D!
"NS 1?"	2	R/S!
"NS 1?"	3	R/S!
"NS 1?"	7	R/S!
"NS 1?'	6	R/S!
"NS 1?"		R/S!

Das Ergebnis zeigt **Fig. 8.** Der Rechner meldet mit "– 1", daß nicht alle Kontakte in die Schaltung eingegangen sind. Für c1 meldet der Rechner "c1x-4", d. h. dieser Kontakt entfällt. Die Ausgabe der Schaltung wurde beendet mit "Σ dcba", d. h. alle Punkte sind ausgegeben. Der Kontakt a wurde nicht genannt.

Wir wählen versuchsweise die Basis "bdac" B! "a-e?" "bdac" R/S! R/S! Wie erwartet erhalten wir wieder in der Anzeige "– 1". Die Schaltung zeigt Fig. 8a; die Kontakte a und c sind nicht mehr vorhanden.

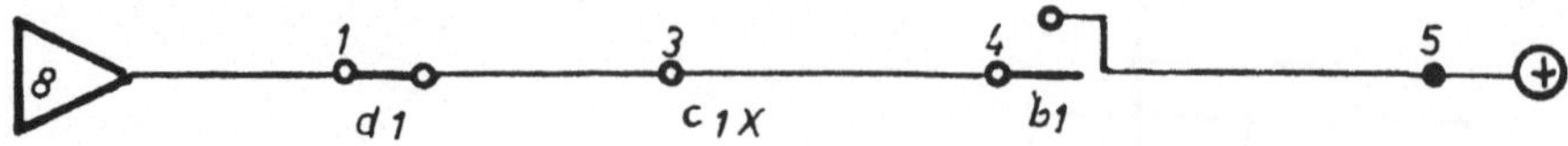

Fig. 8

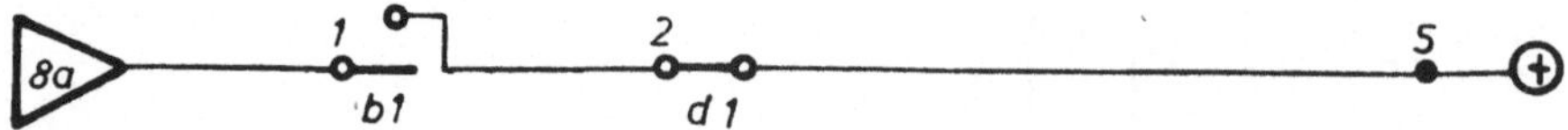

Fig. 8a

Die unter "E" für eine symmetrische Schaltung gegebene Aufgabe lautete: „Am Ausgang einer Schaltung soll dann ein "1"-Signal vorhanden sein, wenn von vier Relais 2 oder 3 beliebige Relaisspulen unter Spannung stehen, nicht bei 0, 1 oder 4."

Hier die Eingabe:

Anzeige	Eingabe	Taste
beliebig		BEEP!
"?"		A!
"EING. VAR.?"	4	R/S!
"AUSG.?"	1	R/S!
"a-e?"	"abcd"	R/S!
"abcd"		E!
"EZ P1?"	2	R/S!
"EZ P1?"	3	R/S!
"EZ P1?"		R/S!

Der Rechner ermittelt zuerst den für die Erregerzahlen 2 und 3 gültigen Nummernsatz und anschließend eine günstige Schaltung. Der „Suchvorgang" dauert ca. 4 Minuten 15 Sekunden. Das Ergebnis zeigt **Fig. 9.**

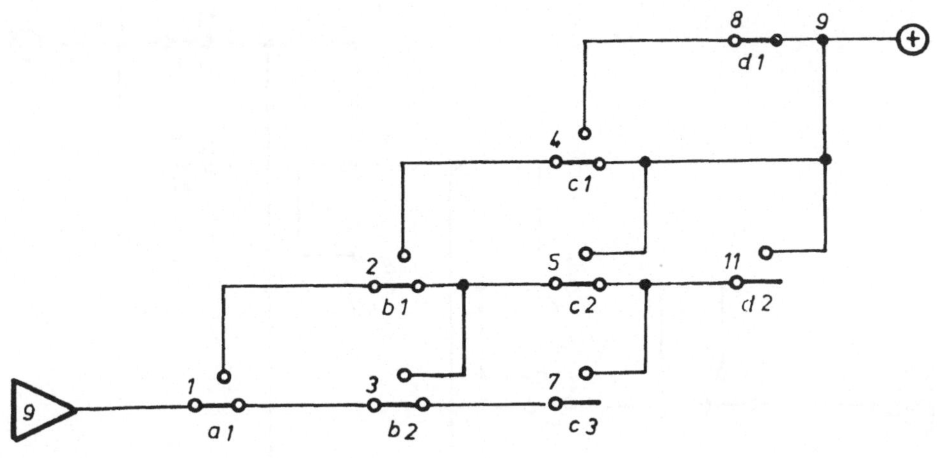

Fig. 9

Hier wollen wir eine symmetrische Schaltung mit 2 Ausgängen ermitteln. Ausgangspunkt 1 soll Spannung erhalten, wenn von vier Relais 1 oder 3 beliebige Relais „erregt" sind, Punkt 2 bei 0 oder 2.

Anzeige	Eingabe	Taste
beliebig		BEEP!
"?"		A!
"EING. VAR.?"	4	R/S!
"AUSG.?"	2	R/S!
"a-e?"	"abcd"	R/S!
"abcd"		E!
"EZ 1?"	1	R/S!
"EZ 1?"	3	R/S!
"EZ 1?"		R/S!
"EZ 2?"	Ø	R/S!
"EZ 2?"	2	R/S!
"EZ 2?"		R/S!

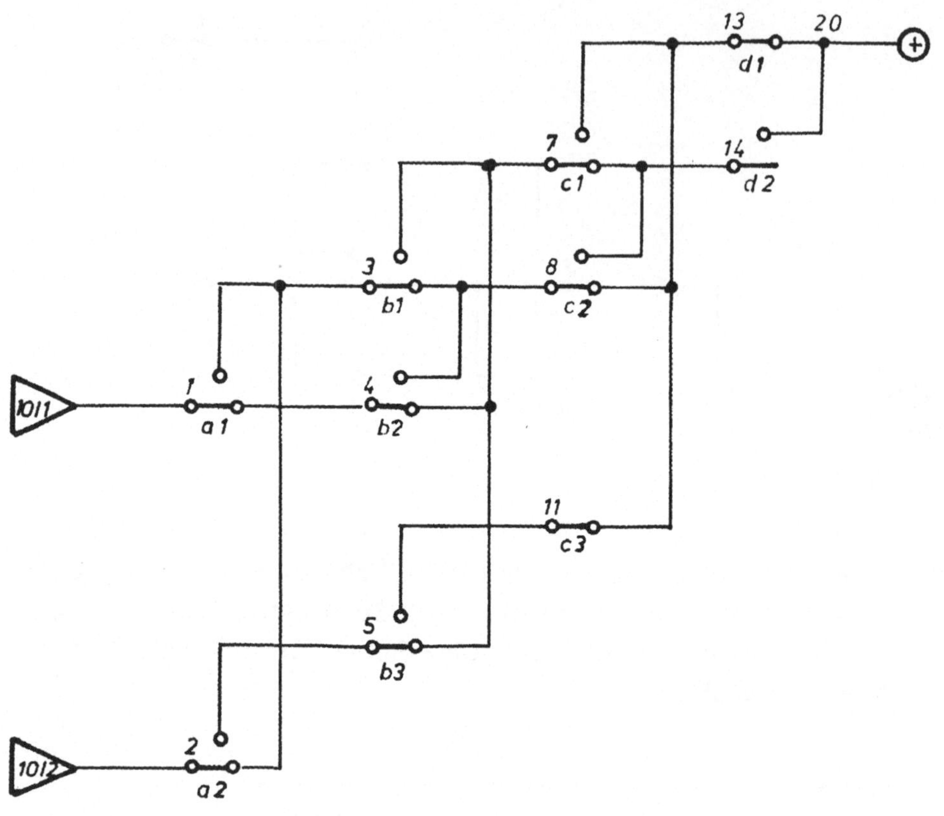

Fig. 10

Bei der Übertragung „auf's Papier" beachten wir, daß zwei Ausgangspunkte aufgezeichnet werden. Als globale Marken wählen wir "10/1" und "10/2". Die gesamte Schaltung zeigt **Fig. 10.**

Das Unterprogramm für diese Schaltung kann folgende Schritte haben:

```
01 LBL "10/2"
02 FS? 01
03 GTO 05
04 GTO 03
05 LBL 05
06 FS? 02
07 GTO 11
08 GTO 07
09 LBL 11
10 FS? 03
11 RTN
12 GTO 13
13 LBL "10/1"
14 FS? 01
15 GTO 03
16 FS? 02
17 GTO 08
18 GTO 07
```

(Fortsetzung)

```
19 LBL  03     26 LBL  07     32 LBL  13
20 FS?  02     27 FS?  03     34 FS?  04
21 GTO  07     28 GTO  13     35 RTN
22 LBL  08     29 LBL  14     36 LBL  20
23 FS?  03     30 FS?  04     37 SIGN
24 GTO  14     31 GTO  20     38 END
25 GTO  13     32 RTN
```

Bei diesem Unterprogramm sind alle Kontakte einheitlich mit FS? dargestellt.

Zur Kontrolle: BEEP! "?" F! "MARKE?" "10/1" R/S! "P?" "1" R/S! Nach ca. 30 Sekunden: "=".

F! "MARKE?" "10/2" R/S! "P?" "2" R/S!

Nach ca. 30 Sekunden: "=". Beide Ausgänge stimmen mit den gewünschten Erregerzahlen überein.

Vom Rechner wünschen wir die Ausgabe einer Schaltung für fünf Eingangs-Variablen und sechs Ausgängen, wobei die Ausgänge folgenden Erregerzahlen genügen sollen:

P1: EZ = 0
P2: EZ = 1
P3: EZ = 2
P4: EZ = 3
P5: EZ = 4
P6: EZ = 5

Anzeige	Eingabe	Taste
beliebig		BEEP!
"?"		A!
"EING. VAR.?"	5	R/S!
"AUSG.?"	6	R/S!
"a-e?"	"abcde"	R/S!
"abcde"		E!
"EZ P1?"	Ø	R/S!
"EZ P1?"		R/S!
"EZ P2?"	1	R/S!
"EZ P2?"		R/S!
"EZ P3?"	2	R/S!
"EZ P3?"		R/S!
"EZ P4?"	3	R/S!
"EZ P4?"		R/S!
"EZ P5?"	4	R/S!
"EZ P5?"		R/S!
"EZ P6?"	5	R/S!
"EZ P6?"		R/S!

Nach ca. 17 Minuten meldet der Rechner 46 Punkte. Die ermittelte Schaltung zeigt **Fig. 11.**

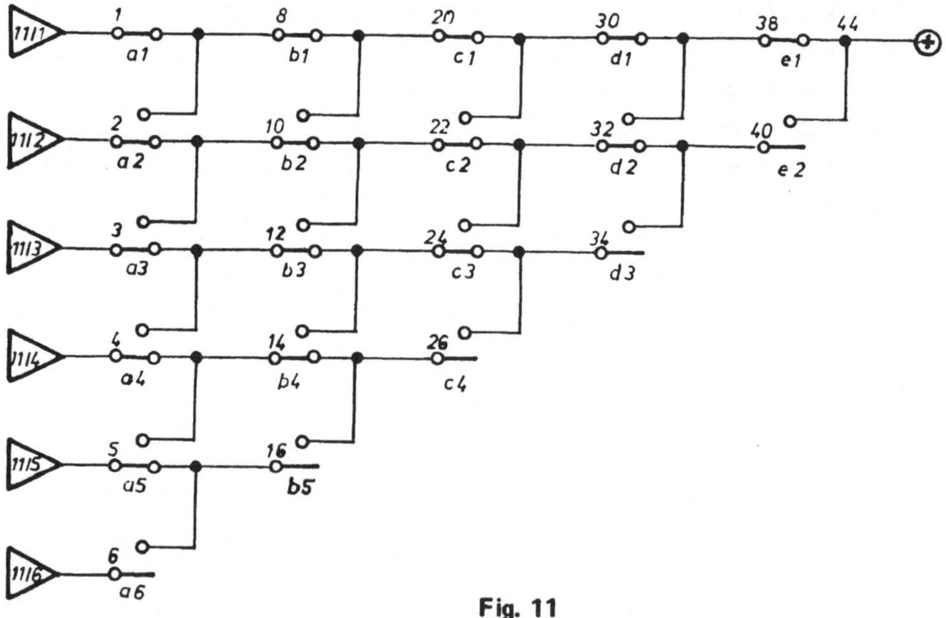

Fig. 11

Das Unterprogramm kann folgende Schritte aufweisen:

```
LBL   "11/6"
FS?   01
GTO   16
RTN
LBL   "11/5"
FS?   01
GTO   14
LBL   16
FS?   02
GTO   26
RTN
LBL   "11/4"
FS?   01
GTO   12
LBL   14
FS?   02
GTO   24
LBL   26
FS?   03
GTO   34
RTN
LBL   "11/3"
FS?   01
GTO   10
LBL   12
FS?   02
GTO   22
LBL   24
FS?   03
GTO   32
LBL   34
FS?   04
GTO   40
RTN
LBL   "11/2"
FS?   01
GTO   08
LBL   10
FS?   02
GTO   20
LBL   22
FS?   03
GTO   30
LBL   32
FS?   04
GTO   38
LBL   40
FS?   05
GTO   44
RTN
LBL   "11/1"
FS?   01
RTN
LBL   08
FS?   02
RTN
LBL   20
FS?   03
RTN
LBL   30
FS?   04
RTN
LBL   38
FS?   05
RTN
LBL   44
SIGN
END
```

Zur Kontrolle der einzelnen Punkte:

Anzeige	Eingabe	Taste
beliebig		BEEP!
"?"		F!
"MARKE ?"	"11/1"	R/S!
"P?"	"1"	R/S!
"="		

Die weiteren Punkte werden analog getestet.

Für die Schaltung nach Fig. 11 stellen wir folgende
Aufgabe:

Von fünf Relais soll dann ein "1"-Signal erzeugt werden, wenn 1 oder 3 beliebige Relais „erregt" sind, nicht bei 0, 2, 4, 5.

Dazu schalten wir die Ausgänge "11/2" und "11/4" parallel. Als Marke wählen wir LBL "11b" und geben zusätzlich als Unterprogramm ein:

01 LBL "11b" 02 XEQ "11/2" 03 XEQ "11/4" 04 END

Nach der Eingabe des zusätzlichen Unterprogrammes für die Parallelschaltung:

Anzeige	Eingabe	Taste
beliebig		BEEP!
"?"		A!
"EING. VAR.?"	5	R/S!
"AUSG.?"	1	R/S!
"a-e?"	"abcde"	R/S!
"abcde"		b!
"CE?"	"e"	R/S!
"EZ P1?"	1	R/S!
"EZ P1?"	3	R/S!
"EZ P1?"		R/S!

(Der Rechner ermittelt jetzt den für die gestellte Aufgabe erforderlichen Nummernsatz und speichert diesen in Punkt 1)

"NSΣ"		F!
"MARKE ?"	"11b"	R/S!
"P?"	"1"	R/S!
"="		

Für den Test benötigt der Rechner etwas über 1 Minute.

In der Praxis wird natürlich für einen konkreten Fall die symmetrische Schaltung nach Fig. 11 nicht verwendet. Für obige Aufgabe ermittelt der Rechner eine Schaltung nach **Fig. 12.**

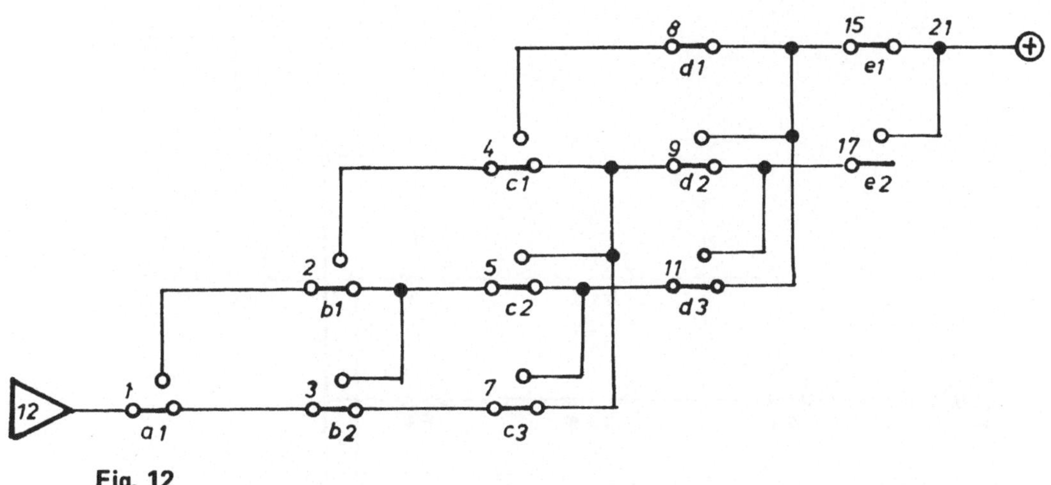

Fig. 12

Das Unterprogramm für diese Schaltung kann folgende Schritte enthalten:

```
01 LBL  "12"
02 FS?  01
03 GTO  02
04 FS?  02
05 GTO  05
06 FS?  03
07 GTO  11
08 GTO  09
09 LBL  02
10 FS?  02
11 GTO  04
12 LBL  05
13 FS?  03
14 GTO  09
15 LBL  11
16 FS?  04
17 GTO  17
18 GTO  15
19 LBL  04
20 FS?  03
21 GTO  08
22 LBL  09
23 FS?  04
24 GTO  15
25 LBL  17
26 FS?  05
27 GTO  21
28 RTN
29 LBL  08
30 FS?  04
31 RTN
32 LBL  15
33 FS?  05
34 RTN
35 LBL  21
35 SIGN
37 END
```

W. N. Roginskij macht in seinem oben erwähnten Buch darauf aufmerksam, daß in manchen Fällen durch Umzeichnen eines Schaltplanes weitere Kontakte eingespart werden können. Für eine Schaltung mit vier Eingangs-Variablen und zwei Ausgängen sollen die beiden Nummernsätze gelten:

NS 1: 1, 3, 8, 10, 13, 15. NS 2: 6, 7, 8, 9, 12, 13.

17
10
d1
11
d2
3
b1x
6
c1
1
a1
4
b2x
7
c2
13/1
8
c3
13/2
2
a2x
5
b3
9
c4x

Fig. 13

3
b1x
6
14/1
1
a1
4
b2x
c1
17
10
8
c3
11
c2
d1
14/2
2
a2x
5
b3
9
c4x

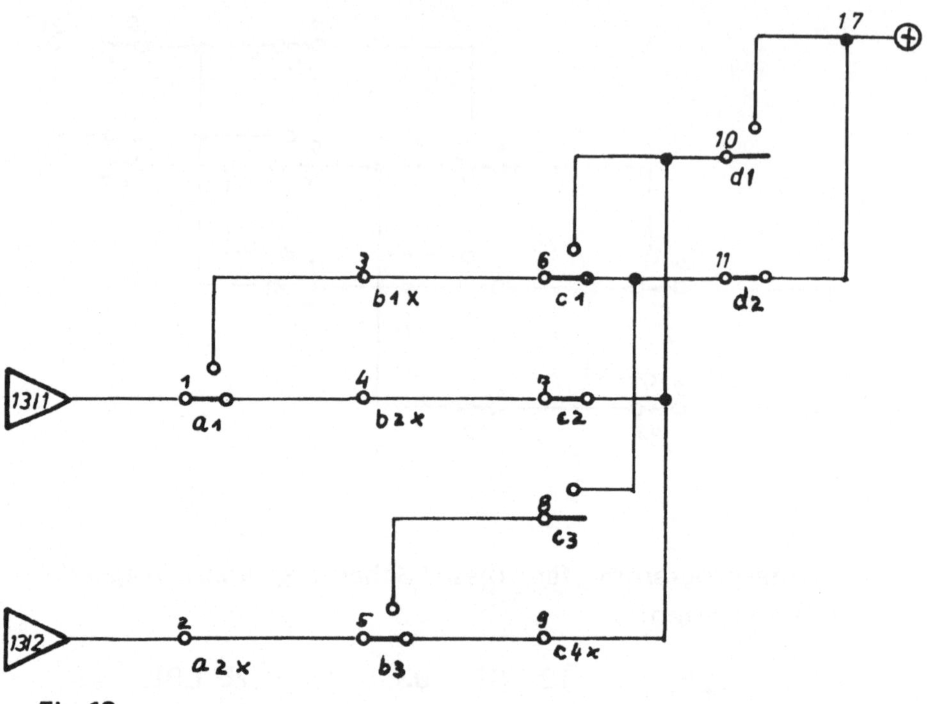

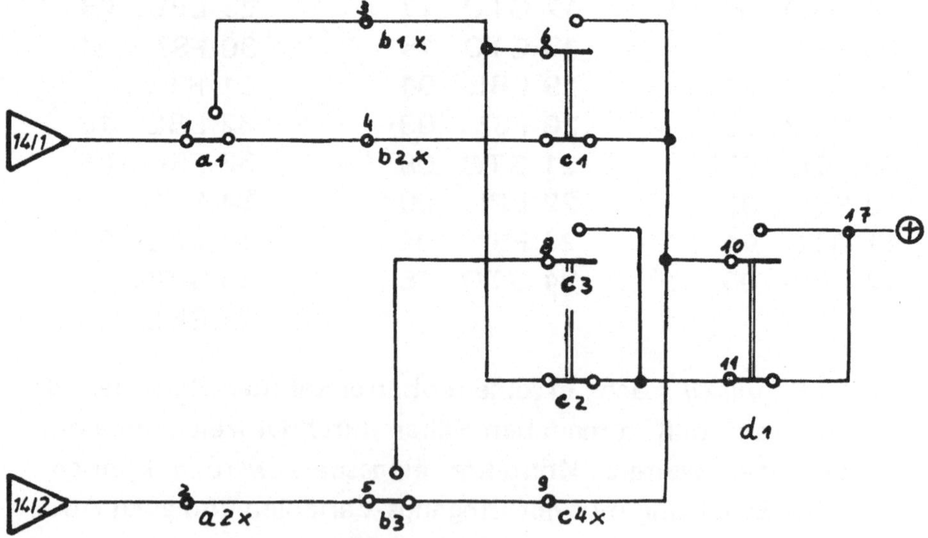

Fig. 14

Die vom Rechner ermittelte Schaltung zeigt **Fig. 13**. Nach dem Umzeichnen der Kontakte d1 und d2 enthält diese Schaltung vier Wechsler, einen Ruhekontakt und einen Arbeitskontakt. Die für unseren Test modifizierte Schaltung nach **Fig. 14** enthält fünf Wechsler.

Das Unterprogramm für die Schaltung nach Fig. 14 kann lauten:

```
01 LBL  "14/2"     11 GTO  06     21 GTO  17
02 FS?  02         12 FS?  03     22 LBL  10
03 GTO  08         13 RTN         23 FS?  04
04 GTO  10         14 GTO  10     24 GTO  17
05 LBL  08         15 LBL  06     25 RTN
06 FS?  03         16 FS?  03     26 LBL  17
07 GTO  11         17 GTO  10     27 SIGN
08 RTN             18 LBL  11     28 END
09 LBL  "14/1"     19 FS?  04
10 FS?  01         20 RTN
```

Test über Taste F!

5 Heizungsregelung

Als Abschluß soll eine praktische Aufgabe dienen:

Ein Betrieb mit fünf etwa gleich großen Werkhallen wird über eine Warmluftanlage beheizt. Zur Verfügung steht ein Warmluftgebläse mit einem Zweistufenbrenner und einem dreistufigen Ventilator. In jeder Halle ist ein Thermostat installiert, der eine Luftklappe steuert. Bei geöffneter Luftklappe wird ein Relais angesprochen, welches mit den Relais der anderen Klappen folgende Kombinationen bewirken soll:

Brenner Stufe 1	bei 1 oder 2 Relais
Brenner Stufe 2	bei 3, 4 oder 5 Relais
Ventilator Stufe 1	bei 1 Relais
Ventilator Stufe 2	bei 2 oder 3 Relais
Ventilator Stufe 3	bei 4 oder 5 Relais.

Für diese Aufgabe geben wir ein:

Anzeige	Eingabe	Taste
beliebig		BEEP!
"?"		A!
"EING. VAR.?"	5	R/S!
"AUSG.?"	5	R/S!
"a-e?"	"abcde"	R/S!
"abcde"		E!
"EZ P1?"	1	R/S!
"EZ P1?"	2	R/S!
"EZ P1?"		R/S!
"EZ P2?"	3	R/S!
"EZ P2?"	4	R/S!
"EZ P2?"	5	R/S!
"EZ P2?"		R/S!
"EZ P3?"	1	R/S!
"EZ P3?"		R/S!
"EZ P4?"	2	R/S!
"EZ P4?"	3	R/S!
"EZ P4?"		R/S!
"EZ P5?"	4	R/S!
"EZ P5?"	5	R/S!
"EZ P5?"		R/S!

Für diese Aufgabe benötigt der Rechner fast 27 Minuten. Den Aufbau der Schaltung zeigt **Fig. 15**. Das Unterprogramm ist auf Seite 63 abgedruckt.

Die mit J! erfragten und in der Funktionstabelle mit "+" gekennzeichneten Kombinationen stimmen mit der Aufgabenstellung überein; ebenso die mit a! errechneten Ausgangswerte.

Einige Anmerkungen zum Programm:
Nach der Berechnung oder Eingabe der Nummernsätze werden die Sätze aller Ausgänge der Kontakte einer Vertikalen überprüft: Ausgänge mit gleichen Sätzen werden miteinander verbunden (Zeichen "↗"), leere Kontakte entfallen (Zeichen "*", das Multiplikationszeichen des Rechners), gleiche Sätze

```
01 LBL  "15e"    02 FS?  01       03 GTO  09       04 FS?  02       05 GTO  23
06 RTN           07 LBL  "15d"    08 FS?  01       09 GTO  07       10 FS?  02
11 GTO  19       12 GTO  21       13 LBL  "15c"    14 FS?  01       15 GTO  10
16 FS?  02       17 GTO  16       18 FS?  03       19 GTO  33       20 FS?  04
21 GTO  47       22 GTO  51       23 LBL  10       24 FS?  02       25 RTN
26 GTO  16       27 LBL  "15b"    28 FS?  01       29 GTO  08       30 LBL  09
31 FS?  02       32 GTO  21       33 LBL  23       34 FS?  03       35 GTO  41
36 RTN           37 LBL  08       38 FS?  02       39 GTO  20       40 LBL  21
41 FS?  03       42 GTO  37       43 LBL  41       44 FS?  04       45 GTO  51
46 RTN           47 LBL  20       48 FS?  03       49 GTO  57       50 GTO  37
51 LBL  "15a"    52 FS?  01       53 GTO  06       54 LBL  07       55 FS?  02
56 GTO  17       57 LBL  19       58 FS?  03       59 GTO  35       60 LBL  37
61 FS?  04       62 GTO  57       63 LBL  51       64 FS?  05       65 GTO  57
66 RTN           67 LBL  06       68 FS?  02       69 GTO  16       70 LBL  17
71 FS?  03       72 GTO  33       73 LBL  35       74 FS?  04       75 GTO  47
76 GTO  57       77 LBL  16       78 FS?  03       79 RTN           80 LBL  33
81 FS?  04       82 RTN           83 LBL  47       84 FS?  05       85 RTN
86 LBL  57       87 SIGN          88 END
```

Brenner
1
2
15a
15b
Ventilator
1
2
3
15c
15d
15e
a1
a2
a3
a4
a5
b1
b2
b3
b4
b5
b6
b7
b8
c1
c2
c3
c4
c5
c6
c7
d1
d2
d3
d4
d5
e1
e2

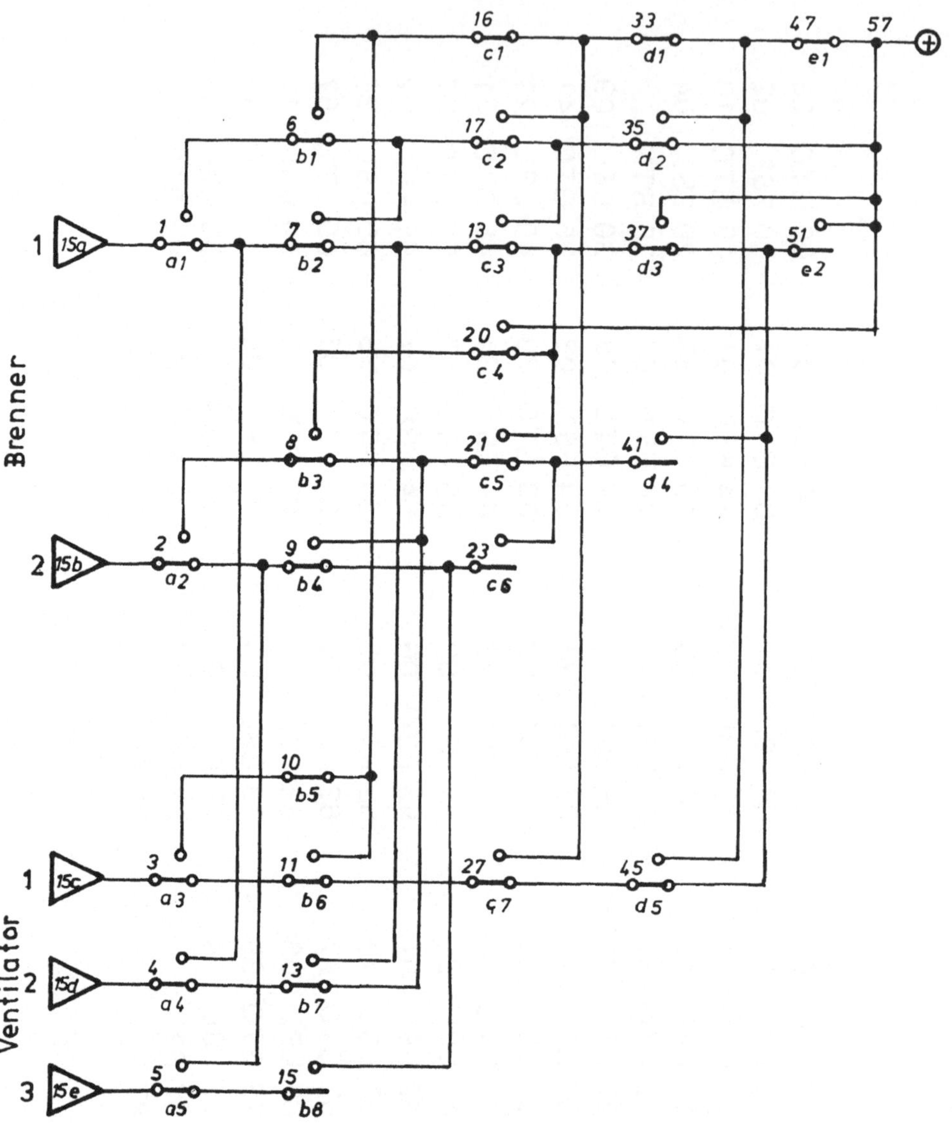

Fig. 15

Die Nummernsätze der Punkte P1–P5 und die Ausgangswerte der Marken "15a"–"15e" übertragen wir in die Funktionstabelle für fünf Eingangs-Variablen.

Gerät						Brenner				Ventilator					
					EZ	1, 2		3, 4, 5		1		2, 3		4, 5	
a	b	c	d	e	K	P1	15a	P2	15b	P3	15c	P4	15d	P5	15e
Ø	Ø	Ø	Ø	Ø	Ø	–	Ø	–	Ø	–	Ø	–	Ø	–	Ø
Ø	Ø	Ø	Ø	1	1	+	1	–	Ø	+	1	–	Ø	–	Ø
Ø	Ø	Ø	1	Ø	2	+	1	–	Ø	+	1	–	Ø	–	Ø
Ø	Ø	Ø	1	1	3	+	1	–	Ø	–	Ø	+	1	–	Ø
Ø	Ø	1	Ø	Ø	4	+	1	–	Ø	+	1	–	Ø	–	Ø
Ø	Ø	1	Ø	1	5	+	1	–	Ø	–	Ø	+	1	–	Ø
Ø	Ø	1	1	Ø	6	+	1	–	Ø	–	Ø	+	1	–	Ø
Ø	Ø	1	1	1	7	–	Ø	+	1	–	Ø	+	1	–	Ø
Ø	1	Ø	Ø	Ø	8	+	1	–	Ø	+	1	–	Ø	–	Ø
Ø	1	Ø	Ø	1	9	+	1	–	Ø	–	Ø	+	1	–	Ø
Ø	1	Ø	1	Ø	1Ø	+	1	–	Ø	–	Ø	+	1	–	Ø
Ø	1	Ø	1	1	11	–	Ø	+	1	–	Ø	+	1	–	Ø
Ø	1	1	Ø	Ø	12	+	1	–	Ø	–	Ø	+	1	–	Ø
Ø	1	1	Ø	1	13	–	Ø	+	1	–	Ø	+	1	–	Ø
Ø	1	1	1	Ø	14	–	Ø	+	1	–	Ø	+	1	–	Ø
Ø	1	1	1	1	15	–	Ø	+	1	–	Ø	–	Ø	+	1
1	Ø	Ø	Ø	Ø	16	+	1	–	Ø	+	1	–	Ø	–	Ø
1	Ø	Ø	Ø	1	17	+	1	–	Ø	–	Ø	+	1	–	Ø
1	Ø	Ø	1	Ø	18	+	1	–	Ø	–	Ø	+	1	–	Ø
1	Ø	Ø	1	1	19	–	Ø	+	1	–	Ø	+	1	–	Ø
1	Ø	1	Ø	Ø	2Ø	+	1	–	Ø	–	Ø	+	1	–	Ø
1	Ø	1	Ø	1	21	–	Ø	+	1	–	Ø	+	1	–	Ø
1	Ø	1	1	Ø	22	–	Ø	+	1	–	Ø	+	1	–	Ø
1	Ø	1	1	1	23	–	Ø	+	1	–	Ø	–	Ø	+	1
1	1	Ø	Ø	Ø	24	+	1	–	Ø	–	Ø	+	1	–	Ø
1	1	Ø	Ø	1	25	–	Ø	+	1	–	Ø	+	1	–	Ø
1	1	Ø	1	Ø	26	–	Ø	+	1	–	Ø	+	1	–	Ø
1	1	Ø	1	1	27	–	Ø	+	1	–	Ø	–	Ø	+	1
1	1	1	Ø	Ø	28	–	Ø	+	1	–	Ø	+	1	–	Ø
1	1	1	Ø	1	29	–	Ø	+	1	–	Ø	–	Ø	+	1
1	1	1	1	Ø	3Ø	–	Ø	+	1	–	Ø	–	Ø	+	1
1	1	1	1	1	31	–	Ø	+	1	–	Ø	–	Ø	+	1

bei den beiden Ausgängen des gleichen Wechslers bedeuten, daß der Wechsler entfällt (Zeichen "X"), volle Sätze am Ausgang eines Kontaktes bedeuten, daß dieser Ausgang direkt mit dem Pol der Spannungsquelle verbunden wird (Zeichen "+").

Die Daten werden im X-Funktions-Modul gespeichert. Nach dem Durchgang aller Ausgänge einer Vertikalen werden die nicht mehr benötigten Daten gelöscht. Dadurch ist die Möglichkeit gegeben, auch umfangreiche Schaltungen zu testen. Die Löschung benötigt leider verhältnismäßig viel Zeit. Im Testprogramm ist auf Unterprogramme weitgehend verzichtet.

W. N. Roginskij bemerkt in seinem vorgenannten Buch, „daß in jeder Etappe des Entwurfes immer nur die Kontakte eines Relais eingeführt werden". Parallelschaltungen werden als solche nicht erkannt. Bei zwei Eingangsvariablen hat eine Parallelschaltung der beiden Kontakte a und b den Nummernsatz 1, 2, 3. Der Rechner ermittelt zwar eine funktionsfähige Schaltung, bringt jedoch einen nicht erforderlichen Ruhekontakt des ersten Relais.

Der kurze Programmteil mit der globalen Marke LBL "%" wird in den Wert "1" verwandelt und umgekehrt. Für Schaltungen mit inversen Ausgängen zu verwenden.

Das Programm ist eingehend getestet. Eine Garantie dafür, daß in jedem Fall eine einwandfreie Schaltung entworfen wird, kann jedoch nicht übernommen werden.

Das Programm verarbeitet nur Nummernsätze mit obligatorischen Nummern; bedingte (gleichgültige) Nummern werden nicht berücksichtigt.

Programmliste

```
001 LBL RS          002 CF 28           003 '?'
004 PROMPT          005 LBL A           006 5
007 'EING. VAR.?'   008 PROMPT          009 X > Y?
010 ACOS            011 STO 12          012 2
013 X <> Y          014 Y ↑ X           015 1
016 -               017 1 E3            018 STO 13
019 /               020 STO 14          021 'AUSG.?'
022 PROMPT          023 STO 11          024 RCL 13
025 /               026 1               027 +
028 STO 15          029 LBL B           030 'a-e?'
031 RCL 12          032 AON             033 PROMPT
034 AOFF            035 ALENG           036 X ≠ Y?
037 SF 66           038 STO 00          039 CLX
040 SEEKPT          041 DELREC          042 INSREC
043 LBL 15          044 2               045 RCL 00
046 1               047 -               048 Y ↑ X
049 2               050 ATOX            051 STO 04
052 XTOA            053 81              054 -
055 X <> 04         056 97              057 -
058 X < 0?          059 ACOS            060 STO 05
061 Y ↑ X           062 -               063 STO IND 04
064 RCL 05          065 RCL 12          066 X <= Y?
067 ACOS            068 DSE 00          069 GTO 15
070 PROMPT          071 GTO 21          072 LBL b
073 SF 28           074 'CE?'           075 AON
076 PROMPT          077 AOFF            078 ATOX
079 XEQ IND X       080 'NSΣ'           081 PROMPT
082 SF 66           083 LBL C           084 LBL 67
085 XEQ 29          086 LBL 16          087 AON
088 'MARKE P'       089 ARCL 02         090 APPEND '?'
091 PROMPT          092 AOFF            093 ASTO 09
094 RCL 14          095 STO 01          096 APPREC
097 DELREC          098 LBL 17          099 RCL 01
100 2               101 x               102 X <> F
103 CLX             104 XEQ IND 09      105 X = 0?
106 GTO 00          107 CLA             108 RCL 01
109 INT             110 +               111 XTOA
112 APPCHR          113 LBL 00          114 ISG 01
115 GTO 17          116 RCL 02          117 INT
118 SEEKPT          119 3               120 GETREC
```

```
121 FC?C 17
122 GTO oo
123 1o ↑ X
124 BEEP
125 1o ↑ X
126 LBL oo
127 ISG o2
128 GTO 16
129 GTO 21
13o LBL D
131 DEG
132 GTO oo
133 LBL E
134 LBL 69
135 RAD
136 LBL oo
137 XEQ 29
138 1
139 STO o2
14o 2
141 RCL 12
142 ST+ o2
143 Y ↑ X
144 FC? 43
145 STO o2
146 RCL 12
147 RCL 13
148 /
149 1
15o +
151 STO o3
152 RCL 15
153 STO o1
154 STO o7
155 LBL 18
156 APPREC
157 DELREC
158 RCL o3
159 STO oo
16o 1,o23
161 FC? 43
162 STO oo
163 CF 22
164 LBL o2
165 'EZ P'
166 FC? 43
167 'NS'
168 ARCL o1
169 APPEND '?'
17o RCL o2
171 PROMPT
172 FC?C 22
173 GTO oo
174 1
175 +
176 X ≤ Y?
177 ACOS
178 CLA
179 XTOA
18o APPCHR
181 ISG oo
182 GTO o2
183 LBL oo
184 ISG o1
185 GTO 18
186 FC? 43
187 GTO 21
188 LBL 19
189 RCL 14
19o STO o1
191 CLX
192 X <> F
193 CF o8
194 CF o9
195 CF 1o
196 1
197 SEEKPT
198 GETREC
199 DELREC
2oo APPREC
2o1 DELREC
2o2 ALENG
2o3 STO oo
2o4 LBL o3
2o5 ATOX
2o6 4
2o7 +
2o8 SF IND X
2o9 DSE oo
21o GTO o3
211 X <> F
212 STO o3
213 LBL 2o
214 RCL o1
215 RCL o3
216 +
217 X <> F
218 1
219 ENTER↑
22o ENTER↑
221 ENTER↑
222 CLX
223 FS?C oo
224 +
225 FS? o1
226 +
227 FS? o2
228 +
229 FS? o3
23o +
231 FS? o4
232 +
233 STO o2
234 FC? o5
235 GTO oo
236 x = o?
237 SF oo
238 LBL oo
239 FC? o6
24o GTO oo
241 RCL o2
242 1
243 X = Y?
```

```
244 SF oo
245 LBL oo
246 FC? o7
247 GTO oo
248 RCL o2
249 2
25o X = Y?
251 SF oo
252 LBL oo
253 FC? o8
254 GTO oo
255 RCL o2
256 3
257 X = Y?
258 SF oo
259 LBL oo
26o FC? o9
261 GTO oo
262 RCL o2
263 4
264 X = Y?
265 SF oo
266 LBL oo
267 FC? 1o
268 GTO oo
269 RCL o2
27o 5
271 X = Y?
272 SF oo
273 LBL oo
274 FC? oo
275 GTO oo
276 CLA
277 RCL o1
278 INT
279 1
28o +
281 XTOA
282 APPCHR
283 LBL oo
284 ISG o1
285 GTO 2o
286 ISG o7
287 GTO 19
288 LBL 21
289 FS?C 28
29o RTN
291 APPREC
292 RCLPT
293 INT
294 RCL 11
295 STO o2
296 RCL 13
297 /
298 STO o1
299 +
3oo STO oo
3o1 LBL o4
3o2 RCL oo
3o3 INT
3o4 SEEKPT
3o5 DELREC
3o6 DSE oo
3o7 GTO o4
3o8 1
3o9 ST+ o1
31o ST+ o2
311 RCL 12
312 STO o8
313 33
314 +
315 STO o7
316 LBL 22
317 RCL o1
318 INT
319 SEEKPT
32o GETREC
321 23
322 ALENG
323 X<=Y?
324 GTO oo
325 1o↑X
326 BEEP
327 1o↑X
328 LBL oo
329 STO oo
33o LBL 23
331 ATOX
332 1
333 -
334 ENTER↑
335 X<>F
336 X<>Y
337 FS? oo
338 RCL 16
339 FS?C oo
34o +
341 FS? o1
342 RCL 17
343 FS?C o1
344 +
345 FS? o2
346 RCL 18
347 FS?C o2
348 +
349 FS? o3
35o RCL 19
351 FS?C o3
352 +
353 FS? o4
354 RCL 2o
355 FS?C o4
356 +
357 1
358 +
359 XTOA
36o DSE oo
361 GTO 23
362 RCL o7
363 XTOA
364 -1
365 AROT
366 APPREC
```

```
367 ISG o1
368 GTO 22
369 LBL 24
37o CLX
371 SEEKPT
372 GETREC
373 RCL 12
374 RCL o8
375 -
376 AROT
377 ATOX
378 STO o7
379 RCL o2
38o STO o1
381 APPREC
382 DELREC
383 RCLPT
384 STO o2
385 181
386 STO o6
387 LBL 25
388 CLA
389 RCL o1
39o SEEKPT
391 RCL o8
392 33
393 +
394 XTOA
395 POSFL
396 X < o?
397 GTO 26
398 GETREC
399 SEEKPT
4oo 5o
4o1 DELCHR
4o2 ATOX
4o3 ALENG
4o4 STO oo
4o5 APPREC
4o6 2
4o7 2
4o8 RCL o8
4o9 STO o9
41o 1
411 -
412 Y ↑ X
413 STO o5
414 Y ↑ X
415 1
416 -
417 STO 1o
418 32
419 ST+ o9
42o CLX
421 STO o3
422 STO o4
423 LBL o5
424 RCL o5
425 ATOX
426 X < = Y?
427 GTO oo
428 RCL o5
429 -
43o XTOA
431 1
432 -
433 2
434 X <> Y
435 Y ↑ X
436 ST+ o3
437 LBL oo
438 DSE oo
439 GTO o5
44o RCL o3
441 X ≠ o?
442 GTO oo
443 '*'
444 INSREC
445 LBL oo
446 X = o?
447 GTO oo
448 ARCL o3
449 RCL o9
45o XTOA
451 -1
452 AROT
453 INSREC
454 RCL o3
455 RCL 1o
456 X ≠ Y?
457 GTO oo
458 '+'
459 DELREC
46o INSREC
461 LBL oo
462 GETREC
463 DELREC
464 ALENG
465 STO oo
466 LBL o6
467 RCL o5
468 ATOX
469 X > Y?
47o GTO oo
471 XTOA
472 1
473 -
474 2
475 X <> Y
476 Y ↑ X
477 ST+ o4
478 LBL oo
479 DSE oo
48o GTO o6
481 RCL o4
482 X ≠ o?
483 GTO oo
484 '*'
485 INSREC
486 LBL oo
487 X = o?
488 GTO oo
489 ARCL o4
```

```
49o RCL o9
491 XTOA
492 -1
493 AROT
494 INSREC
495 RCL o4
496 RCL 1o
497 X ≠ Y?
498 GTO oo
499 '+'
5oo DELREC
5o1 INSREC
5o2 LBL oo
5o3 RCL o3
5o4 RCL o4
5o5 X ≠ Y?
5o6 GTO oo
5o7 DELREC
5o8 RCLPT
5o9 1
51o -
511 SEEKPT
512 'X'
513 RCL o7
514 XTOA
515 RCL o6
516 XTOA
517 -2
518 AROT
519 ARCLREC
52o DELREC
521 INSCHR
522 GTO o7
523 LBL oo
524 RCLPT
525 INT
526 SEEKPT
527 CLA
528 RCL o7
529 XTOA
53o RCL o6
531 XTOA
532 ASTO oo
533 APPEND 'R'
534 INSCHR
535 RCL Z
536 1
537 -
538 SEEKPT
539 CLA
54o ARCL oo
541 APPEND 'A'
542 INSCHR
543 LBL o7
544 1
545 ST+ o6
546 GTO 25
547 LBL 26
548 CLA
549 RCL o7
55o XTOA
551 1
552 SEEKPT
553 POSFL
554 X < o?
555 GTO 28
556 APPREC
557 DELREC
558 RCLPT
559 2
56o -
561 RCL 13
562 /
563 +
564 STO o1
565 STO o4
566 LBL 27
567 RCL o1
568 INT
569 SEEKPT
57o GETREC
571 CF 22
572 ANUM
573 FC?C 22
574 GTO oo
575 STO o3
576 ATOX
577 ATOX
578 ATOX
579 CLA
58o R↓
581 R↓
582 XTOA
583 R↓
584 XTOA
585 R↓
586 XTOA
587 ASTO oo
588 LBL o8
589 CLA
59o ARCL o3
591 CLX
592 POSFL
593 X < o?
594 GTO oo
595 RCLPT
596 INT
597 SEEKPT
598 GETREC
599 ANUM
6oo RCL o3
6o1 X ≠ Y?
6o2 GTO o8
6o3 RCLPT
6o4 INT
6o5 ,oo3
6o6 +
6o7 SEEKPT
6o8 5o
6o9 DELCHR
61o '↓'
611 ARCL oo
612 APPCHR
613 GTO o8
614 LBL oo
615 ISG o1
```

```
616 GTO 27
617 RCL o4
618 ,oo1
619 +
62o STO o1
621 INT
622 STO o2
623 LBL o9
624 RCL o1
625 INT
626 SEEKPT
627 GETREC
628 CF 22
629 ANUM
63o FC?C 22
631 GTO oo
632 CLA
633 ARCL X
634 RCL o1
635 INT
636 SEEKPT
637 POSFL
638 5o
639 DELCHR
64o LBL oo
641 ISG o1
642 GTO o9
643 DSE o8
644 GTO 24
645 LBL 28
646 BEEP
647 RTN
648 SF 66
649 LBL 29
65o CLX
651 SEEKPT
652 GETREC
653 ASTO o6
654 RCL 15
655 STO o2
656 'K'
657 CLFL
658 CLA
659 ARCL o6
66o APPREC
661 RTN
662 LBL e
663 RCL 11
664 'PUNKT ?'
665 PROMPT
666 X <= Y?
667 SF 66
668 STO o2
669 GTO 3o
67o LBL I
671 'K'
672 APPREC
673 DELREC
674 RCLPT
675 1
676 -
677 RCL 13
678 /
679 RCL 11
68o 1
681 +
682 +
683 STO o2
684 LBL 3o
685 CLX
686 X <> F
687 RCL o2
688 INT
689 SEEKPT
69o GETREC
691 3
692 ALENG
693 X = Y?
694 SF oo
695 STO oo
696 LBL 1o
697 132
698 ATOX
699 X < Y?
7oo GTO oo
7o1 X <> Y
7o2 -
7o3 LBL oo
7o4 XTOA
7o5 DSE oo
7o6 GTO 1o
7o7 FS? oo
7o8 APPEND '-'
7o9 FC?C oo
71o APPEND '/'
711 ARCL o2
712 PROMPT
713 ISG o2
714 GTO 3o
715 CLX
716 SEEKPT
717 'Σ'
718 ARCLREC
719 PROMPT
72o SF 66
721 LBL J
722 RCL 11
723 'P?'
724 PROMPT
725 X > Y?
726 ACOS
727 X = o?
728 LN
729 STO o1
73o SEEKPT
731 GETREC
732 ALENG
733 STO oo
734 STO o2
735 LBL 11
736 ATOX
737 1
738 -
739 RTN
74o DSE oo
741 GTO 11
```

```
742 'P'
743 4o
744 XTOA
745 ARCL o1
746 41
747 XTOA
748 APPEND '∑'
749 ARCL o2
75o PROMPT
751 SF 66
752 LBL a
753 AON
754 'MARKE?'
755 PROMPT
756 AOFF
757 ASTO o9
758 CLX
759 STO o1
76o 2
761 RCL 12
762 Y ↑ X
763 STO o2
764 8
765 X < Y?
766 STO o2
767 /
768 INT
769 STO o4
77o LBL 31
771 RCL o2
772 STO o3
773 CLA
774 ARCL o1
775 APPEND ':'
776 LBL 12
777 RCL o1
778 2
779 x
78o X <> F
781 CLX
782 XEQ IND o9
783 ARCL X
784 1
785 ST+ o1
786 DSE o3
787 GTO 12
788 APPEND ':'
789 RCL o1
79o 1
791 -
792 ARCL X
793 PROMPT
794 DSE o4
795 GTO 31
796 'AW∑'
797 PROMPT
798 SF 66
799 LBL F
8oo DEG
8o1 GTO oo
8o2 LBL G
8o3 GRAD
8o4 LBL oo
8o5 AON
8o6 'MARKE'
8o7 FS? 42
8o8 APPEND '1'
8o9 APPEND '?'
81o PROMPT
811 ASTO o9
812 'MARKE 2?'
813 FC? 42
814 'P?'
815 PROMPT
816 AOFF
817 ASTO 1o
818 RCL 14
819 STO o1
82o FS? 42
821 GTO 13
822 ATOX
823 48
824 -
825 SEEKPT
826 GETREC
827 LBL 13
828 RCL o1
829 2
83o x
831 X <> F
832 CLX
833 XEQ IND o9
834 FC? 42
835 GTO oo
836 o
837 XEQ IND 1o
838 GTO o1
839 LBL oo
84o RCL o1
841 INT
842 1
843 +
844 POSA
845 SIGN
846 X < o?
847 CLX
848 LBL o1
849 X = Y?
85o GTO oo
851 '≠'
852 APPEND ' K'
853 RCL o1
854 INT
855 ARCL X
856 PROMPT
857 SF 66
858 LBL oo
859 ISG o1
86o GTO 13
861 '-'
862 PROMPT
863 SF 66
864 LBL H
```

```
865 AON
866 'MARKE ?'
867 PROMPT
868 FS?C 23
869 ASTO 09
870 LBL 32
871 AON
872 CLX
873 X<>F
874 'A-E/?'
875 PROMPT
876 AOFF
877 FC?C 23
878 GTO 00
879 ALENG
880 STO 00
881 LBL 14
882 5
883 ATOX
884 64
885 -
886 X ≥ Y?
887 ACOS
888 SF IND X
889 DSE 00
890 GTO 14
891 LBL 00
892 CLX
893 XEQ IND 09
894 RTN
895 GTO 32
896 LBL %
897 X = 0?
898 GTO 00
899 CLX
900 RTN
901 LBL 00
902 SIGN
903 END
```

Regelkreis-Optimierung mit dem Taschenrechner HP-41 CV/CX im Bode-Diagramm

Peter F. Orlowski

Einleitung

In diesem Beitrag wird ein Taschenrechnerprogramm vorgestellt, mit dem sich eine Vielzahl technischer Regelkreise optimieren läßt. Als Grundlage dient das vereinfachte Stabilitätskriterium nach *Nyquist* und seine Darstellung im Bode-Diagramm. Vergleichbare Literatur ist in [2] angegeben.

Stabilitätsbegriff

Ist von einer Regelung das Übertragungsverhalten von Regler und Strecke bekannt, läßt sie sich auf Stabilität untersuchen bzw. optimieren [1]. Besonders anschaulich ist dabei die Darstellung des Übertragungsverhaltens im Bode-Diagramm. Dort werden der Frequenzgangbetrag $|F_O|$ des offenen Regelkreises und sein Phasenwinkel φ_O im logarithmischen Maßstab aufgezeichnet. Dabei wird $|F_O|$ als logarithmische Summe des Reglerfrequenzgangs $|F_R|$ und Streckenfrequenzgangs $|F_S|$ aufgetragen, also

$$\frac{|F_O|}{\text{dB}} = 20\lg|F_R| + 20\lg|F_S|$$

und

$$\varphi_O = \varphi_R + \varphi_S.$$

Ein so definierter Regelkreis ist stabil, wenn der Frequenzgangbetrag $|F_0|$ bei der Frequenz ω_D (dort ist $|F_0| = 1$) einen Phasenwinkel $\varphi_0 > -180°$ aufweist. Dieses Stabilitätskriterium nach Nyquist liegt auch dem folgenden Taschenrechnerprogramm zugrunde.

Programmbeschreibung

Entsprechend dem vereinfachten Stabilitätskriterium nach Nyquist wird im Programm folgender Formelsatz angewendet:

$$|F_0| \overset{!}{=} 1 \quad \longrightarrow \quad \text{Durchtrittsfrequenz } \omega_D$$

$$\alpha_R = 180° + \varphi_0(\omega_D) \overset{!}{>} 0 \quad \longrightarrow \quad \text{Phasenreserve } \alpha_R$$

$$0 \overset{!}{=} 180° + \varphi_0(\omega_z) \quad \longrightarrow \quad \omega_z$$

$$A_R = 10^{-\frac{|F_0|(\omega_z)}{20 \cdot dB}} \quad \longrightarrow \quad \text{Amplitudenreserve } A_R$$

Mit dem in **Fig. 1** abgedruckten Programm lassen sich, je nach Wahl der Parameter, folgende Regler realisieren:

P-Regler	$T_N = 10^{50}$ s,	$T_V = 0$
PI-Regler	$T_N = T_N$,	$T_V = 0$
PD-Regler	$T_N = 10^{50}$ s,	$T_V = T_V$
PID-Regler	$T_N = T_N$,	$T_V = T_V$

Als Regelstrecke lassen sich aus einer Liste von acht typischen Strecken jeweils zwei auswählen. Dazu erscheint mit dem Start des Programms ein Vorspann auf dem Drucker, der die Kennbuchstaben und ihre zugehörige Regelstrecke angibt. Auf diese Weise lassen sich mehr als 80 verschiedene Regelkreise zusammenstellen und optimieren.

Der in **Fig. 2** dargestellte Rechnerstatus zeigt die Anzahl der notwendigen Programm- und Datenspeicher sowie die verwendeten Unterprogramme. Es ist darauf zu achten, daß der

Rechner wegen der Länge des gesamten Programms auf SIZE 072 gestellt werden muß. Zum besseren Verständnis des Programms ist in **Fig. 3** ein Flußdiagramm abgebildet, das den Programmablauf verdeutlichen soll.

Mit dem Eintippen des Programmnamens "BODE-SY" erscheint zunächst der Textvorspann zur Auswahl der Regelstrecken. Dann erfolgt die Eingabe der Reglerparameter (Reglerverstärkung V_R, Nachstellzeit T_N und Vorhaltzeit T_V). Anschließend fragt der Rechner nach dem Kennbuchstaben der ersten Regelstrecke. Nach Eintippen des Buchstabens drückt man "RUN", und es kommt die Abfrage der zugehörigen Streckenparameter. Wenn weitere Strecken gewünscht sind, ist nun "1" einzugeben (sonst "0"). Danach ist wieder der Streckenname gefragt. Mit Eintippen des gewählten Kennbuchstabens werden die Parameter abgefragt. Damit ist die Regelung definiert, und der Rechner fragt nun nach dem ersten Frequenzwert ω (bzw. w). Mit diesem Wert werden der Frequenzbetrag $|F_0|$/dB und sein Phasenwinkel φ_0/Grad berechnet und ausgedruckt. Es können nun beliebige Werte von $\omega \approx 0$ bis 10^6 Hz eingegeben werden. Dabei ist es sinnvoll, für die später erforderliche Eingabe von Frequenzwerten des Nullstellen-Unterprogramms solche ω-Werte zu wählen, bei denen zum einen $|F_0|$/dB = 0 wird und zum anderen der Phasenwinkel φ_0/Grad $= -180°$ erreicht.

Wird eine Frequenz $\omega \geqq 10^6$ Hz eingetippt, springt der Rechner in das Unterprogramm zur Bestimmung der Durchtrittsfrequenz ω_D. Es sind zwei ω-Werte einzugeben, zwischen denen der Nulldurchgang von $|F_0|$/dB liegen muß. Nach einigen Sekunden druckt der Rechner das Ergebnis aus und setzt die „Flag" 10.

Nach der Berechnung des Frequenzbetrags und Phasenwinkels für die Frequenz ω_D wird die Phasenreserve α_R/Grad ermittelt, Flag 10 gelöscht und Flag 00 gesetzt. Ist die Phasenreserve $\alpha_R > 0$ (stabile Regelung), erfolgt die Berechnung von ω_z mit dem Nullstellen-Unterprogramm. Ist $\alpha_R < 0$, liegt eine instabile Regelung vor, und das Programm wird beendet. Es kann für eine geänderte Parameter-Eingabe mit den Befehlen "GTO.001" und "RUN" neu gestartet werden. Erfolgt die Berechnung von ω_z, erhält man nach einigen Sekunden das Ergebnis und anschließend die Angabe der Amplitudenreserve A_R. Sie gibt den Abstand der Verstärkung der Regelung bis zum Erreichen der Stabilitätsgrenze an.

Optimierungsbeispiele

Für eine gut optimierte Regelung läßt sich folgende Vorschrift bezüglich der Phasen- und Amplitudenreserve angeben:

$\alpha_R = 40^\circ \ldots 60^\circ$, $A_R = 4 \ldots 10$ — bei Sollwertänderungen

$\alpha_R = 20^\circ \ldots 50^\circ$, $A_R = 1 \ldots 3$ — bei Störgrößenänderungen

Außerdem sollte die Durchtrittsfrequenz ω_D möglichst groß sein, da sie ein Maß für die Reaktionsfähigkeit der Regelung auf Sollwert- bzw. Störgrößenänderungen ist.

Fig. 4 zeigt den Ausdruck, wie ihn der Drucker produziert, wenn man eine Regelung aus PD-Regler und PT_1-PT_1-PT_t-Strecke wählt, Dazu ist bei den Regler-Parametern $T_N = 10^{50}$ s vorzugeben sowie die Strecken-Namen N und R einzutippen.

Mit den eingegebenen Parametern für Regler und Strecke erhält man die ausgedruckten Ergebnisse:

ω_D = 44.052 Hz

α_R = 10,502°

ω_z = 51,85 Hz

A_R = 1,303

Die Regelung ist zwar stabil, jedoch reicht die Phasenreserve nicht aus. Dies zeigt auch das in **Fig. 5** dargestellte Bode-Diagramm.

In einem zweiten Rechnerlauf wird die Reglerverstärkung von $V_R = 10$ auf $V_R = 5$ reduziert, alle anderen Parameter bleiben unverändert. Dann erhält man die optimierte Regelung mit

ω_D = 28,284 Hz
α_R = 38,117°
ω_z = 51,84 Hz
A_R = 2,605

Die Regelung ist für Störgrößenänderungen bis zu einer Frequenz von $\omega = \omega_D$ = 28,284 Hz geeignet und besitzt eine gute Phasen- und Amplitudenreserve (siehe Optimierungsvorschrift).

Als Hilfsmittel zur Regelkreisoptimierung ist das Bode-Diagramm besonders gut geeignet, da es sich aus den ausgedruckten Werten zeichnen läßt. Meist reicht eine Änderung der Reglerverstärkung jedoch aus, um die günstigsten Parameter zu erreichen.

In **Fig. 6** ist ein Ausdruck dargestellt, wie er sich für eine Regelung aus PI-Regler und PT_2-I-Strecke ergibt. Es ist $T_V = 0$ zu setzen und für die Strecken-Namen K und P einzugeben. Nach Abfrage der einzelnen Parameter erhält man einen stabilen Regelkreis mit folgenden Werten:

ω_D = 12,342 Hz
α_R = 23,042°
ω_z = 17,32 Hz
A_R = 1,5

Ist man bestrebt, die Regelung auf Sollwertänderungen zu optimieren, zeigt sich im Bode-Diagramm (**Fig. 7**), daß eine Verstärkungsänderung des Reglers nicht ausreicht, da der Phasenwinkelverlauf davon unberührt bleibt. Soll also eine Phasenreserve von $\alpha_R = 40° \ldots 60°$ erreicht werden, muß zusätzlich die Nachstellzeit T_N des Reglers verändert werden.

Für die geänderten Parameter des Reglers ergibt sich eine stabile Regelung mit den optimierten Werten:

ω_D = 3.076 Hz
α_R = 71,815°
ω_z = 19,747 Hz
A_R = 6,499

Die Phasenreserve beträgt zwar mehr als 60°, das kann jedoch nur von Vorteil sein. Allerdings hat sich bei der Optimierung eine verkleinerte Durchtrittsfrequenz ergeben. Dies ist immer dann der Fall, wenn die Verstärkung des Reglers reduziert wird.

Zusammenfassung

Das vorliegende Taschenrechner-Programm ist in der Lage Regelkreise optimal einzustellen, wenn die Parameter der Regelstrecke bekannt sind. Es ermittelt die zugehörigen Werte zur Darstellung des Bode-Diagramms und druckt die für eine Stabilitätsaussage wichtigen Werte ω_D, α_R, ω_z und A_R aus. Haupteinsatzgebiet dürfte die Anwendung als Lernhilfe für Studenten der Regeltechnik sein.

Literatur

[1] *Orlowski, P. F.:* Praktische Regeltechnik. München: Oldenbourg 1985

[2] *Martin, P.:* Mathematische Verfahren der Regelungstechnik. Verfahren gezeigt mit dem HP 41. München: Oldenbourg 1984

```
♦LBL "BODE-SY"
CF 00
CF 01
CF 02
CF 03
CF 04
CF 05
CF 06
CF 07
CF 08
CF 09
CF 10
CF 11
"EIN PID-REGLER"
AVIEW
"KANN MIT ZWEI"
AVIEW
"STRECKEN MULTI-"
AVIEW
"PLIZ. WERDEN."
AVIEW
"K. I"
AVIEW
"L. I2"
AVIEW
"M. PT1"
AVIEW
"N. PT1-PT1"
AVIEW
"O. PT1-PT1-PT1"
AVIEW
"P. PT2"
AVIEW
"Q. PT1-PT1-PT2"
AVIEW
"R. PTT"
AVIEW
ADV
"---------------"
AVIEW
ADV
"REGLER-PARAM."
AVIEW
ADV
FIX 3
"VR=?"
PROMPT
STO 00
"TN/S=?"
PROMPT
STO 01
"TV/S=?"
PROMPT
STO 02
ADV
"STRECK.-PARAM."
AVIEW
ADV
"STRECKEN-NAME ?"
AON
PROMPT
ASTO 03
AOFF
XEQ IND 03
"WEITERE STRECKE"
AVIEW
"GEWUENSCHT ?"
AVIEW
"WENN JA, TASTE1"
AVIEW
"WENN NEIN, 0"
PROMPT
STO 04
RCL 04
X=0?
GTO 02
"STRECKEN-NAME ?"
AON
PROMPT
ASTO 05
AOFF
XEQ IND 05
♦LBL 02
"---------------"
AVIEW
1
STO 10
1
STO 11
1
STO 12
1
STO 13
1
STO 14
1
STO 15
1
STO 16
1
STO 17
0
STO 20
0
STO 21
0
STO 22
0
STO 23
0
STO 24
0
STO 25
0
STO 26
0
STO 27
♦LBL 01
ADV
"W/HZ=?"
PROMPT
STO 06
RCL 06
```

Fig. 1 HP-41-CV-Taschenrechnerprogramm für das Bode-Diagramm

Fig. 1 (Fortsetzung)

```
124 1 E6
125 X<=Y?
126 GTO "NULLST"

127♦LBL 07
128 RCL 06
129 RCL 02
130 *
131 RCL 06
132 RCL 01
133 *
134 1/X
135 -
136 X↑2
137 1
138 +
139 SQRT
140 RCL 00
141 *
142 STO 07

143♦LBL 18
144 RCL 06
145 RCL 02
146 *
147 RCL 06
148 RCL 01
149 *
150 1/X
151 -
152 ATAN
153 STO 08
154 FS? 01
155 XEQ IND 55

156♦LBL 11
157 FS? 02
158 XEQ IND 56

159♦LBL 12
160 FS? 03
161 XEQ IND 57

162♦LBL 13
163 FS? 04
164 XEQ IND 58

165♦LBL 14
166 FS? 05
167 XEQ IND 59

168♦LBL 15
169 FS? 06
170 XEQ IND 60

171♦LBL 16
172 FS? 07
173 XEQ IND 61

174♦LBL 17
175 FS? 08
176 XEQ IND 62
177 GTO 10
178♦LBL "KK"
179 RCL 40
180 RCL 06
181 *
182 1/X
183 STO 10
184 -90
185 STO 20
186 GTO 11

187♦LBL "LL"
188 RCL 41
189 RCL 42
190 *
191 RCL 06
192 X↑2
193 *
194 1/X
195 STO 11
196 -180
197 STO 21
198 GTO 12

199♦LBL "MM"
200 RCL 44
201 RCL 06
202 *
203 X↑2
204 1
205 +
206 SQRT
207 1/X
208 RCL 43
209 *
210 STO 12

211 RCL 44
212 RCL 06
213 *
214 ATAN
215 CHS
216 STO 22
217 GTO 13

218♦LBL "NN"
219 RCL 06
220 RCL 46
221 *
222 X↑2
223 1
224 +
225 RCL 06
226 RCL 47
227 *
228 X↑2
229 1
230 +
231 *
232 SQRT
233 1/X
234 RCL 45
235 *
236 STO 13
237 RCL 06
238 RCL 46
239 *
240 ATAN
241 CHS
242 RCL 06
243 RCL 47
244 *
245 ATAN
246 -
247 STO 23
248 GTO 14

249♦LBL "OO"
250 RCL 06
251 RCL 49
252 *
253 X↑2
254 1
255 +
256 RCL 06
257 RCL 50
258 *
259 X↑2
260 1
261 +
262 *
263 RCL 06
264 RCL 51
265 *
266 X↑2
267 1
268 +
269 *
270 SQRT
```

Fig. 1 (Fortsetzung)

```
271 1/X
272 RCL 48
273 *
274 STO 14
275 RCL 06
276 RCL 49
277 *
278 ATAN
279 CHS
280 RCL 06
281 RCL 50
282 *
283 ATAN
284 -
285 RCL 06
286 RCL 51
287 *
288 ATAN
289 -
290 STO 24
291 GTO 15

292♦LBL "PP"
293 RCL 06
294 RCL 53
295 *
296 X↑2
297 CHS
298 1
299 +
300 X↑2
301 RCL 06
302 RCL 53
303 *
304 2
305 *
306 RCL 54
307 *
308 X↑2
309 +
310 SQRT
311 1/X
312 RCL 52
313 *
314 STO 15
315 RCL 06
316 RCL 53
317 *
318 X↑2
319 CHS
320 1
321 +
322 1/X
323 2
324 *
325 RCL 54
326 *
327 RCL 06
328 *
329 RCL 53
330 *
331 ATAN
332 CHS
333 STO 25
334 RCL 25
335 X<0?
336 GTO 16
337 RCL 25
338 180
339 -
340 STO 25
341 GTO 16
342♦LBL "QQ"
343 RCL 06
344 RCL 64
345 *
346 X↑2
347 1
348 +
349 RCL 06
350 RCL 65
351 *
352 X↑2
353 1
354 +
355 *
356 SQRT
357 1/X
358 RCL 63
359 *
360 STO 16
361 RCL 06
362 RCL 66
363 *
364 X↑2
365 CHS
366 1
367 +
368 X↑2
369 RCL 06
370 RCL 66
371 *
372 RCL 67
373 *
374 X↑2
375 4
376 *
377 +
378 SQRT
379 1/X
380 RCL 16
381 *
382 STO 16
383 RCL 06
384 RCL 66
385 *
386 X↑2
387 CHS
388 1
389 +
390 1/X
391 2
392 *
393 RCL 67
394 *
395 RCL 06
396 *
397 RCL 66
398 *
399 ATAN
400 CHS
401 STO 26
402 RCL 26
403 X<0?
404 GTO 08
405 RCL 26
406 180
407 -
408 STO 26

409♦LBL 08
410 RCL 26
411 RCL 06
412 RCL 64
413 *
414 ATAN
415 -
416 RCL 06
417 RCL 65
418 *
419 ATAN
420 -
421 STO 26
422 GTO 17

423♦LBL "RR"
424 RCL 68
425 STO 17
426 RCL 69
427 RCL 06
```

Fig. 1 (Fortsetzung)

```
428 *
429 180
430 *
431 PI
432 /
433 CHS
434 STO 27
435 GTO 10

436♦LBL "K"
437 SF 01
438 "TI/S=?"
439 PROMPT
440 STO 40
441 "KK"
442 ASTO 55
443 RTN
444♦LBL "L"
445 SF 02
446 "TI1/S=?"
447 PROMPT
448 STO 41
449 "TI2/S=?"
450 PROMPT
451 STO 42
452 "LL"
453 ASTO 56
454 RTN

455♦LBL "M"
456 SF 03
457 "VS=?"
458 PROMPT
459 STO 43
460 "T1/S=?"
461 PROMPT
462 STO 44
463 "MM"
464 ASTO 57
465 RTN
466♦LBL "N"
467 SF 04
468 "VS=?"
469 PROMPT
470 STO 45
471 "T11/S=?"
472 PROMPT
473 STO 46
474 "T12/S=?"
475 PROMPT
476 STO 47
477 "NN"
478 ASTO 58
479 RTN

480♦LBL "O"
481 SF 05
482 "VS=?"
483 PROMPT
484 STO 48
485 "T11/S=?"
486 PROMPT
487 STO 49
488 "T12/S=?"
489 PROMPT
490 STO 50
491 "T13/S=?"
492 PROMPT
493 STO 51
494 "OO"
495 ASTO 59
496 RTN

497♦LBL "P"
498 SF 06
499 "VS=?"
500 PROMPT
501 STO 52
502 "T2/S=?"
503 PROMPT
504 STO 53
505 "d=?"
506 PROMPT
507 STO 54
508 "PP"
509 ASTO 60
510 RTN

511♦LBL "Q"
512 SF 07
513 "VS=?"
514 PROMPT
515 STO 63
516 "T11/S=?"
517 PROMPT
518 STO 64
519 "T12/S=?"
520 PROMPT
521 STO 65
522 "T2/S=?"
523 PROMPT
524 STO 66
525 "d=?"
526 PROMPT
527 STO 67
528 "QQ"
529 ASTO 61
530 RTN

531♦LBL "R"
532 SF 08
533 "VS=?"
534 PROMPT
535 STO 68
536 "TT/S=?"
537 PROMPT
538 STO 69
539 "RR"
540 ASTO 62
541 RTN
542♦LBL 10
543 FS? 10
544 GTO 09
545 RCL 07
546 RCL 10
547 *
548 RCL 11
549 *
550 RCL 12
551 *
552 RCL 13
553 *
554 RCL 14
555 *
556 RCL 15
557 *
558 RCL 16
559 *
560 RCL 17
561 *
562 LOG
563 20
564 *
565 FS? 09
566 GTO 06
567 STO 70
568 "/F0/ IN dB="
569 ARCL 70
570 AVIEW
571 FS? 00
572 GTO "AR"

573♦LBL 09
574 RCL 08
575 RCL 20
576 +
577 RCL 21
578 +
579 RCL 22
580 +
```

Fig. 1 (Fortsetzung)

```
581 RCL 23
582 +
583 RCL 24
584 +
585 RCL 25
586 +
587 RCL 26
588 +
589 RCL 27
590 +
591 STO 71
592 FS? 10
593 GTO 19
594 "PHI 0/GRAD="
595 ARCL 71
596 AVIEW
597 FS? 11
598 GTO "aR"
599 FS? 10
600 GTO "AR"
601 GTO 01

602◆LBL "WD"
603 RCL 34
604 STO 06
605 GTO 07
606◆LBL 06
607 RTN

608◆LBL "aR"
609 RCL 71
610 180
611 +
612 STO 39
613 "aR/GRAD="
614 ARCL 39
615 AVIEW
616 CF 09
617 CF 11
618 ADV
619 RCL 39
620 X<0?
621 STOP
622 GTO B

623◆LBL "WZ"
624 RCL 34
625 STO 06
626 SF 10
627 CF 11
628 GTO 18

629◆LBL 19
630 RCL 71
631 179,99
632 +
633 STO 71
634 RTN

635◆LBL "AR"
636 RCL 70
637 CHS
638 20
639 /
640 10
641 X<>Y
642 Y↑X
643 STO 38
644 "AR="
645 ARCL 38
646 AVIEW
647 STOP

648◆LBL "NULLST"
649 FIX 3
650 "WD"
651 ASTO 33
652 SF 09
653◆LBL A
654 "WD1/HZ=?"
655 PROMPT
656 STO 31
657 "WD2/HZ=?"
658 PROMPT
659 STO 32
660 GTO 38

661◆LBL B
662 "WZ"
663 ASTO 33
664 "WZ1/HZ=?"
665 PROMPT
666 STO 31
667 "WZ2/HZ=?"
668 PROMPT
669 STO 32

670◆LBL 38
671 RCL 31
672 STO 34
673 XEQ IND 33
674 STO 35
675 RCL 32
676 STO 34
677 XEQ IND 33
678 STO 36
679 RCL 35
680 *
681 X>0?
682 GTO 35

683◆LBL 30
684 RCL 32
685 RCL 32
686 RCL 31
687 -
688 RCL 36
689 RCL 35
690 -
691 /
```

Fig. 1 (Fortsetzung)

```
692 RCL 36
693 *
694 -
695 STO 34
696 XEQ IND 33
697 STO 37
698 X=0?
699 GTO 34
700 ABS
701 1 E-4
702 X>Y?
703 GTO 34
704 RCL 37
705 RCL 36
706 *
707 X>0?
708 GTO 31
709 RCL 32
710 STO 31
711 RCL 36
712 STO 35
713♦LBL 32
714 RCL 34
715 STO 32
716 RCL 37
717 STO 36
718 GTO 30

719♦LBL 31
720 2
721 ST/ 35
722 GTO 32
723♦LBL 34
724 FS? 09
725 GTO 39
726 GTO 40

727♦LBL 39
728 "WD/HZ="
729 ARCL 34
730 AVIEW
731 RCL 34
732 STO 06
733 CF 09
734 SF 11
735 ADV
736 GTO 07
737♦LBL 40
738 "WZ/HZ="
739 ARCL 34
740 AVIEW
741 RCL 34
742 STO 06
743 CF 10
744 SF 00
745 ADV
746 GTO 07

747♦LBL 35
748 "KEINE NULLST."
749 AVIEW
750 FS? 09
751 GTO A
752 GTO B
753 END
```

Rechner-Status

SIZE 072

Unterprogramme:

LBL'BODE-SY	LBL'PP	LBL'M	LBL'WD
LBL'KK	LBL'QQ	LBL'N	LBL'aR
LBL'LL	LBL'RR	LBL'O	LBL'WZ
LBL'MM	LBL'K	LBL'P	LBL'AR
LBL'NN	LBL'L	LBL'Q	LBL'NULLST
LBL'OO		LBL'R	

Belegte Flags:

FS 00 - 11

Benutzte Speicher:

STO 00 – 08	Parameter-Eingaben
StO 10 – 17	Werte für $\mid F_S \mid$
StO 20 – 27	Werte für φ_S
StO 30 – 37	Nullstellenwerte
StO 38 – 39	Werte für A_R und α_R
StO 40 – 54	Streckenparameter
StO 63 – 69	Streckenparameter
StO 70 – 71	Werte für $\mid F_O \mid$ und φ_O
ASTO 55 – 62	Streckenprogramme

Fig. 2 Rechner-Status und belegte Speicher

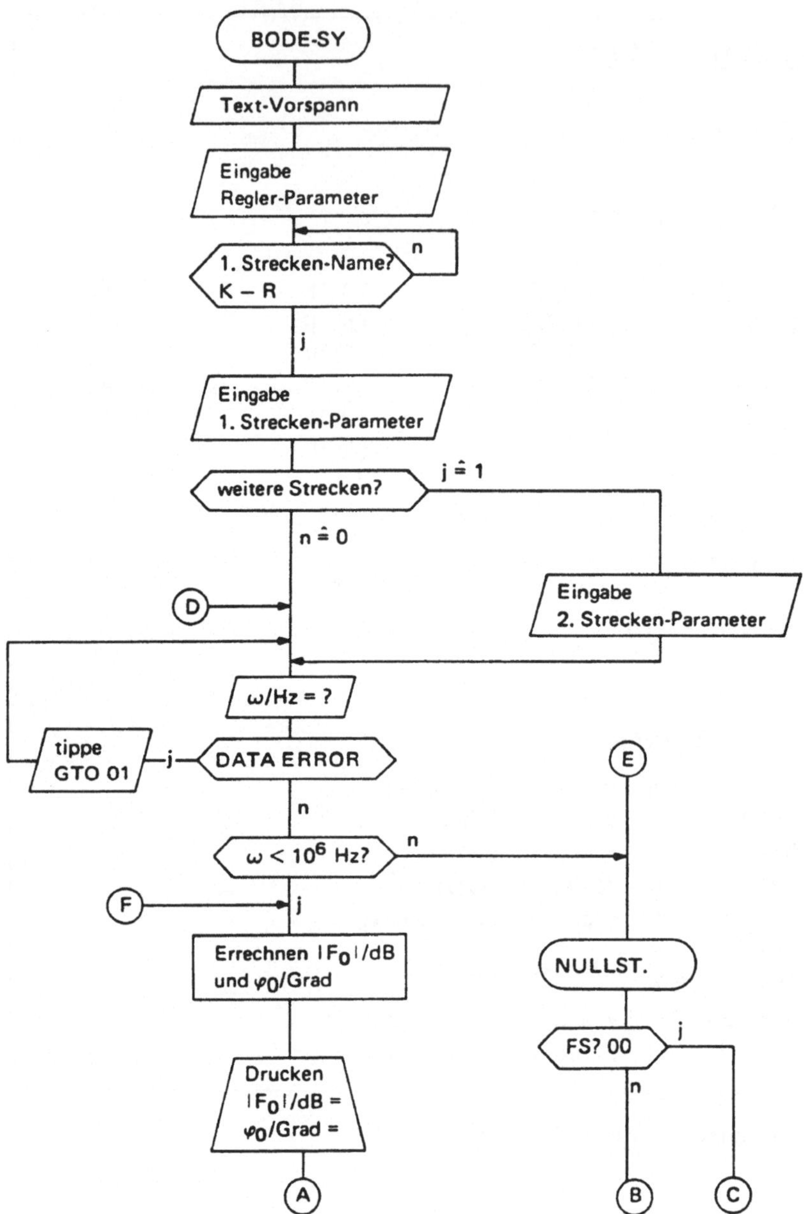

Fig. 3 Flußdiagramm des Bode-Programms

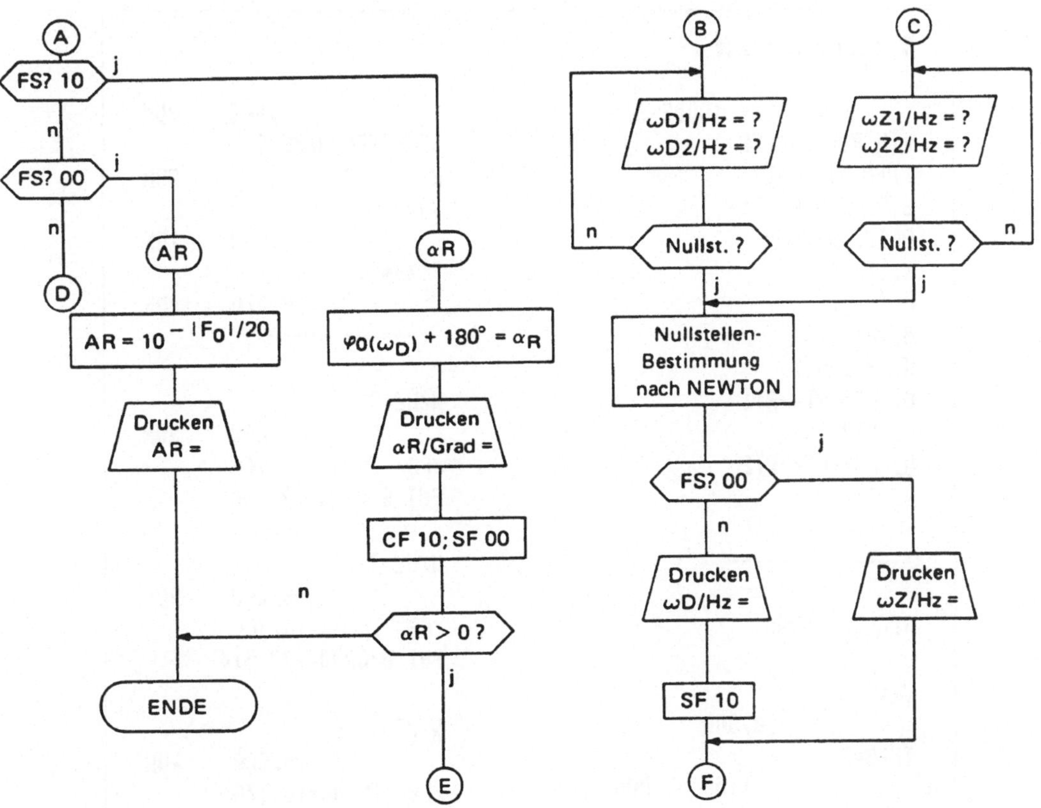

Fig. 3 (Fortsetzung)

1. Rechnerlauf

```
          XEQ "BODE-SY"
EIN PID-REGLER
KANN MIT ZWEI
STRECKEN MULTI-
PLIZ. WERDEN.
K. I
L. I2
M. PT1
N. PT1-PT1
O. PT1-PT1-PT1
P. PT2
Q. PT1-PT1-PT2
R. PTT

---------------

REGLER-PARAM.

VR=?
          10,000     RUN
TN/S=?
            1+50     RUN
TV/S=?
           0,010     RUN

STRECK.-PARAM.

STRECKEN-NAME ?
N                    RUN
VS=?
           1,000     RUN
T11/S=?
           0,100     RUN
T12/S=?
           0,050     RUN
WEITERE STRECKE
GEWUENSCHT ?
WENN JA, TASTE1
WENN NEIN, 0
           1,000     RUN
STRECKEN-NAME ?
R                    RUN
VS=?
           1,000     RUN
TT/S=?
           0,020     RUN
---------------

W/HZ=?
           1,000     RUN
/F0/ IN dB=19,946
PHI 0/GRAD=-9,146

W/HZ=?
          10,000     RUN
/F0/ IN dB=16,064
PHI 0/GRAD=-77,314

W/HZ=?
          20,000     RUN
/F0/ IN dB=10,170
PHI 0/GRAD=-120,043

W/HZ=?
          30,000     RUN
/F0/ IN dB=5,255
PHI 0/GRAD=-145,553

W/HZ=?
          50,000     RUN
/F0/ IN dB=-1,784
PHI 0/GRAD=-177,619

W/HZ=?
          70,000     RUN
/F0/ IN dB=-6,480
PHI 0/GRAD=-201,147
```

Fig. 4 Ausdruck der Parameter und Ergebnisse für eine Regelung aus PD-Regler und PT_1-PT_1-PT_t-Strecke

Fig. 4 (Fortsetzung)

```
W/HZ=?
           100,000    RUN
/F0/ IN dB=-11,183
PHI 0/GRAD=-232,571

W/HZ=?
              1+06    RUN
WD1/HZ=?
            30,000    RUN
WD2/HZ=?
            50,000    RUN
WD/HZ=44,052

/F0/ IN dB=-9,499E-6
PHI 0/GRAD=-169,498
aR/GRAD=10,502

WZ1/HZ=?
            50,000    RUN
WZ2/HZ=?
            60,000    RUN
WZ/HZ=51,850

/F0/ IN dB=-2,296
AR=1,303
```

2. Rechnerlauf

```
REGLER-PARAM.

VR=?
             5,000    RUN
TN/S=?
              1+50    RUN
TV/S=?
             0,010    RUN

STRECK.-PARAM.

STRECKEN-NAME ?
N                     RUN
VS=?
             1,000    RUN
T11/S=?
             0,100    RUN
T12/S=?
             0,050    RUN
WEITERE STRECKE
GEWUENSCHT ?
WENN JA, TASTE1
WENN NEIN, 0
             1,000    RUN
STRECKEN-NAME ?
R                     RUN
VS=?
             1,000    RUN
TT/S=?
             0,020    RUN
---------------

W/HZ=?
              1+06    RUN
WD1/HZ=?
            25,000    RUN
WD2/HZ=?
            30,000    RUN
WD/HZ=28,284

/F0/ IN dB=-2,000E-5
PHI 0/GRAD=-141,883
aR/GRAD=38,117

WZ1/HZ=?
            50,000    RUN
WZ2/HZ=?
            60,000    RUN
WZ/HZ=51,842

/F0/ IN dB=-8,315
AR=2,605
```

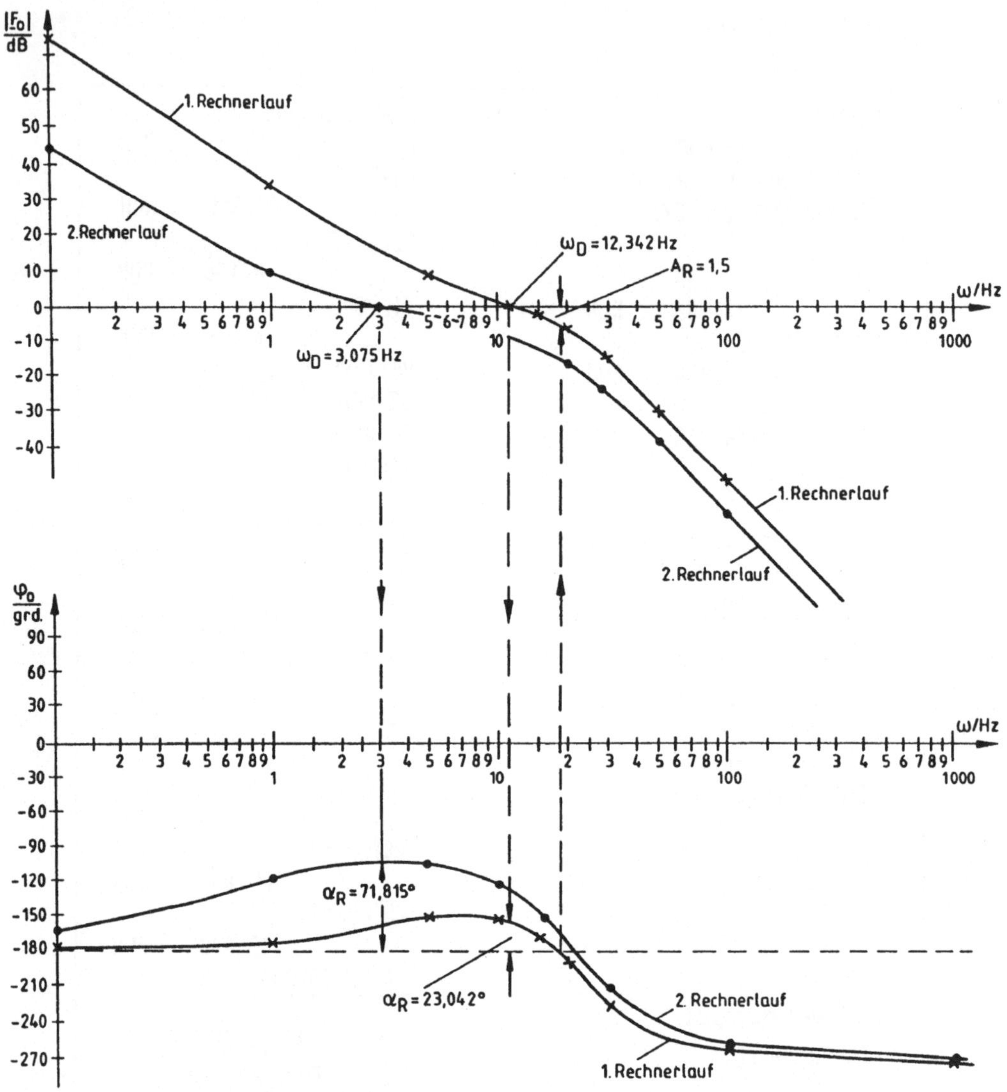

Fig. 5 Bode-Diagramm des Regelkreises aus PD-Regler und PT_1-PT_1-PT_t-Strecke

1. Rechnerlauf

```
          XEQ "BODE-SY"
EIN PID-REGLER
KANN MIT ZWEI
STRECKEN MULTI-
PLIZ. WERDEN.
K. I
L. I2
M. PT1
N. PT1-PT1
O. PT1-PT1-PT1
P. PT2
Q. PT1-PT1-PT2
R. PTT

---------------

REGLER-PARAM.

VR=?
           10,000     RUN
TN/S=?
            0,200     RUN
TV/S=?
            0,000     RUN

STRECK.-PARAM.

STRECKEN-NAME ?
K                     RUN
TI/S=?
            1,000     RUN
WEITERE STRECKE
GEWUENSCHT ?
WENN JA, TASTE1
WENN NEIN, 0
            1,000     RUN
STRECKEN-NAME ?
P                     RUN
VS=?
            1,000     RUN
T2/S=?
            0,050     RUN
d=?
            0,500     RUN
---------------

W/HZ=?
            0,100     RUN
/F0/ IN dB=73,981
PHI 0/GRAD=-179,141

W/HZ=?
            5,000     RUN
/F0/ IN dB=9,293
PHI 0/GRAD=-149,931

W/HZ=?
           10,000     RUN
/F0/ IN dB=1,871
PHI 0/GRAD=-150,255

W/HZ=?
           12,000     RUN
/F0/ IN dB=0,249
PHI 0/GRAD=-155,772

W/HZ=?
           15,000     RUN
/F0/ IN dB=-1,837
PHI 0/GRAD=-168,179

W/HZ=?
           20,000     RUN
DATA ERROR
                    GTO 01
                       RUN
```

Fig. 6 Ausdruck der Parameter und Ergebnisse für eine Regelung aus PI-Regler und PT_2-I-Strecke

Fig. 6 (Fortsetzung)

```
W/HZ=?
            21,000    RUN
/F0/ IN dB=-6,670
PHI 0/GRAD=-198,968

W/HZ=?
            30,000    RUN
/F0/ IN dB=-15,236
PHI 0/GRAD=-229,268

W/HZ=?
            50,000    RUN
/F0/ IN dB=-29,227
PHI 0/GRAD=-250,247

W/HZ=?
           100,000    RUN
/F0/ IN dB=-47,778
PHI 0/GRAD=-261,094

W/HZ=?
         1.000,000    RUN
/F0/ IN dB=-107,957
PHI 0/GRAD=-269,140

W/HZ=?
              1+06    RUN
WD1/HZ=?
            12,000    RUN
WD2/HZ=?
            15,000    RUN
WD/HZ=12,342

/F0/ IN dB=-4,875E-6
PHI 0/GRAD=-156,958
aR/GRAD=23,042

WZ1/HZ=?
            15,000    RUN
WZ2/HZ=?
            21,000    RUN
WZ/HZ=17,321

/F0/ IN dB=-3,522
AR=1,500
```

2. Rechnerlauf

```
REGLER-PARAM.

VR=?
             3,000    RUN
TN/S=?
             2,000    RUN
TV/S=?
             0,000    RUN

STRECK.-PARAM.

STRECKEN-NAME ?
K                     RUN
TI/S=?
             1,000    RUN
WEITERE STRECKE
GEWUENSCHT ?
WENN JA, TASTE1
WENN NEIN, 0
             1,000    RUN
STRECKEN-NAME ?
P                     RUN
VS=?
             1,000    RUN
T2/S=?
             0,050    RUN
d=?
             0,500    RUN
---------------

WD1/HZ=?
             1,000    RUN
WD2/HZ=?
             5,000    RUN
WD/HZ=3,075

/F0/ IN dB=-6,399E-5
PHI 0/GRAD=-108,185
aR/GRAD=71,815

WZ1/HZ=?
            15,000    RUN
WZ2/HZ=?
            21,000    RUN
WZ/HZ=19,747

/F0/ IN dB=-16,257
AR=6,499
```

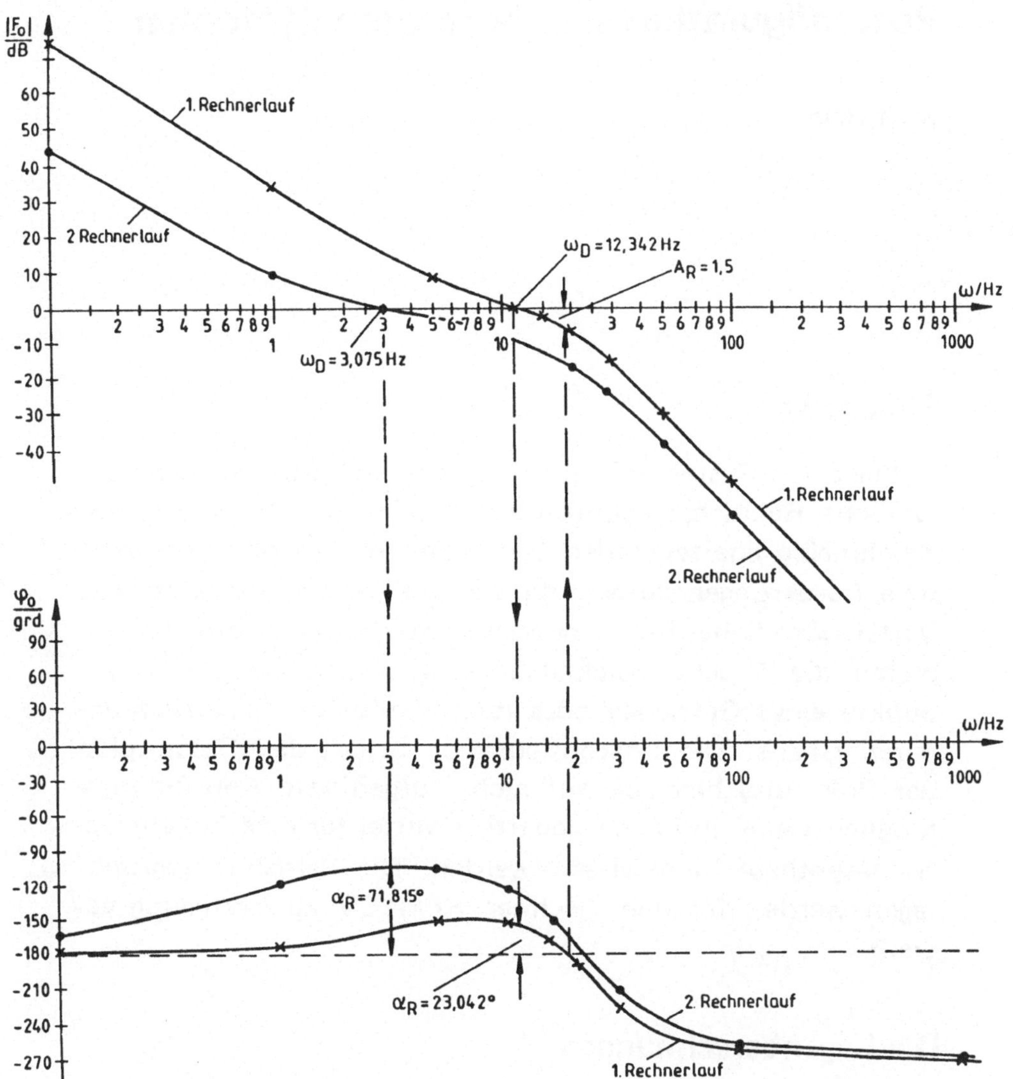

Fig. 7 Bode-Diagramm des Regelkreises aus PI-Regler und PT_2-I-Strecke

Polkonfigurationen in bewegten Systemen

Kurt Hain

Einleitung

In bewegten Systemen sind neben den Hauptbewegungen zusätzliche Relativbewegungen zu verzeichnen, die, wie in ungleichmäßig übersetzenden Getrieben, mit Erfolg für praktische Forderungen ausgenutzt werden können. Ein einfaches Mittel, sämtliche Relativbewegungen darstellen zu können, bieten die Geschwindigkeitspole als augenblickliche Drehpunkte eines Getriebegliedes relativ zu einem beliebigen anderen Gliede. Die Polkonfiguration erfaßt den Gesamtplan der Pole, und hier soll auf nicht ausgenutzte Anwendungsmöglichkeiten und auch neuartige Mittel für eine höhere Getriebesynthese hingewiesen werden. Die Berechnungsgrundlagen werden für den Rechner HP-41CV zu Verfügung gestellt.

Die Lagenberechnungen

In **Fig. 1** ist eine von zwei zwangsläufigen sechsgliedrigen kinematischen Ketten, die *Stephensonsche Kette*, dargestellt. Sie besteht aus den zwei ternären (dreigelenkigen) Gliedern $1 = d$ und $3 = b$, sowie aus den vier binären (zweigelenkigen) Gliedern $2 = a$, $4 = c$, $5 = b_{II}$, $6 = c_{II}$. Zunächst ist es notwendig, diese Kette als Getriebe z. B. mit dem Glied $1 = d$ als Abszisse eines x-y-Achsenkreuzes mit A_0 als Ursprung und mit einem Winkel φ festzulegen.

Nach **Tabelle 1** gelten in Übereinstimmung mit Fig. 1 die hier angegebenen Eingabewerte mit dem Abruf XEQ 10. Das Gesamtprogramm läuft dann nach **Tabelle 2** mit dem Abruf XEQ 05.

Tabelle 1
Eingangswerte mit Speicherzurodnungen für das Getriebe nach Fig. 1

XEQ 10

EINGABE
POLKOORD.
A,B,C,D,SI

30.00000000	a = R02
54.00000000	b = R03
40.00000000	c = R04
60.00000000	d = R05
1.000000000	SI = R10

EPS,E

15.00000000	ε = R06
80.00000000	e = R07

GAMMA,G

-20.00000000	γ = R08
70.00000000	g = R09

BII,CII,SII

50.00000000	bII = R40
65.00000000	cII = R41
1.000000000	sII = R11

Tabelle 2
Polberechnungen für eine gegebene Getriebelage für das Getriebe nach Fig. 1

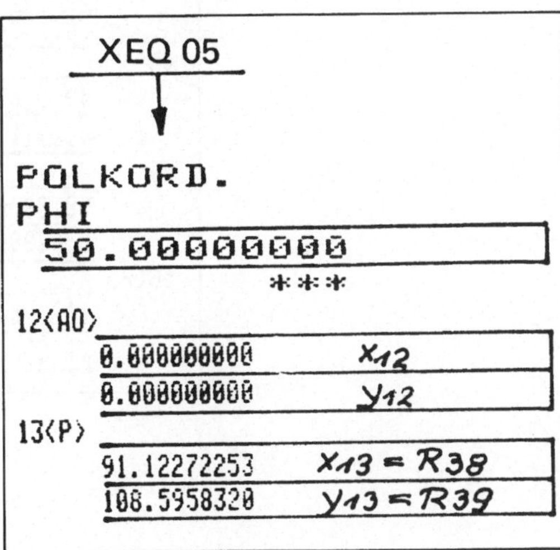

Tabelle 2 (Fortsetzung)

Pol	Wert	Register
14<B0>		
	60.00000000	X14 = R05
	0.000000000	Y14
15		
	81.05698571	X15 = R43
	-8.969937800	Y15 = R44
16<G>		
	65.77848346	X16 = R18
	-23.94141003	Y16 = R19
23<A>		
	19.28362829	X23 = R12
	22.98133329	Y23 = R13
24<Q>		
	-57.56954819	X24 = R38
	0.000000000	Y24
25		
	-15.26161484	X25 = R47
	1.688832638	Y25 = R48
26		
	-7.824324259	X26 = R49
	2.847821133	Y26 = R50
34<B>		
	71.02005269	X34 = R14
	38.45202776	Y34 = R15
35<E>		
	87.38649961	X35 = R16
	64.95750412	Y35 = R17
36		
	83.93303422	X36 = R45
	70.99748640	Y36 = R46
45		
	49.92657338	X45 = R51
	4.291117991	Y45 = R52
46		
	58.39763817	X46 = R53
	6.638904802	Y46 = R54
56<F>		
	112.2045352	X56 = R20
	21.55168528	Y56 = R21

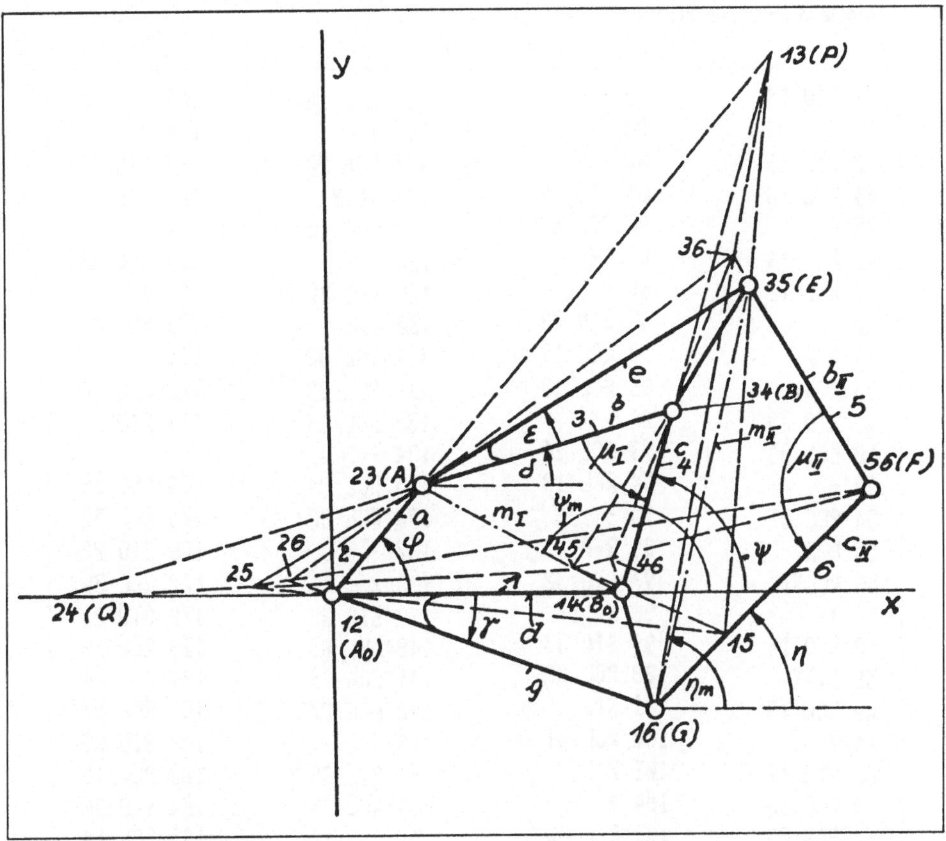

Fig. 1 Pollagen-Berechnungen in einem sechsgliedrigen zwangsläufigen Getriebe

Tabelle 3 Auflistung des Gesamt-Rechenprogrammes für Pollagen-Berechnungen

01♦LBL "KH11"	11 -	21 RCL 03	31 CHS
02♦LBL 01	12 R-P	22 X↑2	32 RCL 10
03 RCL 01	13 STO 32	23 -	33 *
04 RCL 02	14 X<>Y	24 2	34 RCL 33
05 P-R	15 STO 33	25 /	35 +
06 STO 12	16 RCL 32	26 RCL 32	36 STO 34
07 X<>Y	17 X↑2	27 /	37 RCL 04
08 STO 13	18 RCL 04	28 RCL 04	38 P-R
09 X<>Y	19 X↑2	29 /	39 RCL 05
10 RCL 05	20 +	30 ACOS	40 +

Tabelle 3 (Fortsetzung)

```
41 STO 14
42 X<>Y
43 STO 15
44 RCL 13
45 -
46 RCL 14
47 RCL 12
48 -
49 R-P
50 X<>Y
51 STO 35
52 RCL 06
53 +
54 RCL 07
55 P-R
56 RCL 12
57 +
58 STO 16
59 X<>Y
60 RCL 13
61 +
62 STO 17
63 RCL 08
64 RCL 09
65 P-R
66 STO 18
67 X<>Y
68 STO 19
69 RCL 12
70 RCL 13
71 RCL 35
72 TAN
73 /
74 -
75 STO 36
76 RCL 05
77 1
78 RCL 01
79 TAN
80 RCL 34
81 TAN
82 /
83 -
84 /
85 STO 38
86 RCL 01
87 TAN
88 *
89 STO 39
90 RCL 17
91 RCL 19
92 -
93 RCL 16
94 RCL 18
95 -
96 R-P
97 STO 32
98 X<>Y
99 STO 33
100 RCL 32
101 X↑2
102 RCL 41
103 X↑2
104 +
105 RCL 40
106 X↑2
107 -
108 2
109 /
110 RCL 32
111 /
112 RCL 41
113 /
114 ACOS
115 CHS
116 RCL 11
117 *
118 RCL 33
119 +
120 STO 42
121 RCL 41
122 P-R
123 RCL 18
124 +
125 STO 20
126 X<>Y
127 RCL 19
128 +
129 STO 21
130 RTN
131♦LBL 02
132 RCL 25
133 RCL 23
134 -
135 RCL 24
136 RCL 22
137 -
138 /
139 STO 30
140♦LBL 03
141 RCL 29
142 RCL 27
143 -
144 RCL 28
145 RCL 26
146 -
147 /
148 STO 31

149♦LBL 04
150 RCL 30
151 RCL 22
152 *
153 RCL 31
154 RCL 26
155 *
156 -
157 RCL 27
158 +
159 RCL 23
160 -
161 RCL 30
162 RCL 31
163 -
164 /
165 STO 31
166 RCL 22
167 -
168 RCL 30
169 *
170 RCL 23
171 +
172 STO 30
173 RTN

174♦LBL 15
175 RCL 38
176 STO 22
177 RCL 39
178 STO 23
179 RCL 16
180 STO 24
181 RCL 17
182 STO 25
183 RCL 18
184 STO 26
185 RCL 19
186 STO 27
187 RCL 20
188 STO 28
189 RCL 21
190 STO 29
191 XEQ 02
192 RCL 31
193 STO 43
194 RCL 30
195 STO 44
196 RTN

197♦LBL 36
198 RCL 38
199 STO 22
200 RCL 39
201 STO 23
```

Tabelle 3 (Fortsetzung)

```
202 RCL.18
203 STO 24
204 RCL 19
205 STO 25
206 RCL 16
207 STO 26
208 RCL 17
209 STO 27
210 RCL 20
211 STO 28
212 RCL 21
213 STO 29
214 XEQ 02
215 RCL 31
216 STO 45
217 RCL 30
218 STO 46
219 RTN

220♦LBL 25
221 XEQ 15
222 0
223 STO 22
224 STO 23
225 RCL 43
226 STO 24
227 RCL 44
228 STO 25
229 RCL 12
230 STO 26
231 RCL 13
232 STO 27
233 RCL 16
234 STO 28
235 RCL 17
236 STO 29
237 XEQ 02
238 RCL 31
239 STO 47
240 RCL 30
241 STO 48
242 RTN

243♦LBL 26
244 XEQ 36
245 RCL 45
246 STO 28
247 RCL 46
248 STO 29
249 0
250 STO 22
251 STO 23
252 RCL 18
253 STO 24
254 RCL 19
255 STO 25
256 RCL 12
257 STO 26
258 RCL 13
259 STO 27
260 XEQ 02
261 RCL 31
262 STO 49
263 RCL 30
264 STO 50
265 RTN

266♦LBL 45
267 XEQ 15
268 RCL 43
269 STO 24
270 RCL 44
271 STO 25
272 RCL 05
273 STO 22
274 0
275 STO 23
276 RCL 14
277 STO 26
278 RCL 15
279 STO 27
280 RCL 16
281 STO 28
282 RCL 17
283 STO 29
284 XEQ 02
285 RCL 31
286 STO 51
287 RCL 30
288 STO 52
289 RTN

290♦LBL 46
291 XEQ 36
292 RCL 45
293 STO 28
294 RCL 46
295 STO 29
296 RCL 14
297 STO 26
298 RCL 15
299 STO 27
300 RCL 05
301 STO 22
302 0
303 STO 23
304 RCL 18
305 STO 24
306 RCL 19
307 STO 25
308 XEQ 02
309 RCL 31
310 STO 53
311 RCL 30
312 STO 54
313 RTN
314♦LBL 05
315 XEQ 01
316 SF 12
317 "POLKORD."
318 PRA
319 "PHI"
320 PRA
321 RCL 01
322 PRX
323 CF 12
324 "12<A0>"
325 PRA
326 0
327 PRX
328 0
329 PRX
330 "13<P>"
331 PRA
332 RCL 38
333 PRX
334 RCL 39
335 PRX
336 "14<B0>"
337 PRA
338 RCL 05
339 PRX
340 0
341 PRX
342 "15"
343 PRA
344 XEQ 15
345 RCL 43
346 PRX
347 RCL 44
348 PRX
349 "16<G>"
350 PRA
351 RCL 18
352 PRX
353 RCL 19
354 PRX
355 "23<A>"
356 PRA
357 RCL 12
```

Tabelle 3 (Fortsetzung)

```
358 PRX
359 RCL 13
360 PRX
361 "24<Q>"
362 PRA
363 RCL 36
364 PRX
365 0
366 PRX
367 "25"
368 PRA
369 XEQ 25
370 RCL 47
371 PRX
372 RCL 48
373 PRX
374 "26"
375 PRA
376 XEQ 26
377 RCL 49
378 PRX
379 RCL 50
380 PRX
381 "34<B>"
382 PRA
383 RCL 14
384 PRX
385 RCL 15
386 PRX
387 "35<E>"
388 PRA
389 RCL 16
390 PRX
391 RCL 17
392 PRX
393 "36"
394 PRA
395 XEQ 36
396 RCL 45
397 PRX
398 RCL 46
399 PRX
400 "45"
401 PRA
402 XEQ 45
403 RCL 51
404 PRX
405 RCL 52
406 PRX
407 "46"
408 PRA
409 XEQ 46
410 RCL 53
411 PRX
412 RCL 54
413 PRX
414 "56<F>"
415 PRA
416 RCL 20
417 PRX
418 RCL 21
419 PRX
420 ADV
421 ADV
422 STOP

423♦LBL 10
424 SF 12
425 "EINGABE"
426 PRA
427 "POLKOORD."
428 PRA
429 CF 12
430 "A,B,C,D,SI"
431 PRA
432 RCL 02
433 PRX
434 RCL 03
435 PRX
436 RCL 04
437 PRX
438 RCL 05
439 PRX
440 RCL 10
441 PRX
442 "EPS,E"
443 PRA
444 RCL 06
445 PRX
446 RCL 07
447 PRX
448 "GAMMA,G"
449 PRA
450 RCL 08
451 PRX
452 RCL 09
453 PRX
454 "BII,CII,SII"
455 PRA
456 RCL 40
457 PRX
458 RCL 41
459 PRX
460 RCL 11
461 PRX
462 ADV
463 ADV
464 STOP

465♦LBL 06
466 RCL 01
467 90
468 -
469 RCL 02
470 P-R
471 STO 12
472 X<>Y
473 STO 13
474 STO 23
475 X<>Y
476 STO 22
477 RCL 01
478 TAN
479 STO 30
480 RCL 03
481 STO 26
482 0
483 STO 27
484 RCL 35
485 TAN
486 STO 31
487 XEQ 04
488 RCL 31
489 STO 14
490 RCL 30
491 STO 15
492 0
493 STO 22
494 STO 23
495 RCL 01
496 90
497 -
498 TAN
499 STO 30
500 RCL 14
501 STO 26
502 RCL 15
503 STO 27
504 RCL 35
505 90
506 -
507 TAN
508 STO 31
509 XEQ 04
510 RCL 31
511 STO 38
512 RCL 30
513 STO 39
514 RCL 01
515 RCL 24
516 +
```

Tabelle 3 (Fortsetzung)

```
517 RCL 11
518 +
519 STO 34
520 RTN

521♦LBL "15"
522 RCL 38
523 STO 22
524 RCL 39
525 STO 23
526 RCL 01
527 RCL 24
528 +
529 90
530 -
531 TAN
532 STO 30
533 RCL 05
534 STO 26
535 0
536 STO 27
537 RCL 34
538 90
539 -
540 TAN
541 STO 31
542 XEQ 04
543 RCL 31
544 STO 43
545 RCL 30
546 STO 44
547 RTN

548♦LBL "24"
549 0
550 STO 22
551 STO 23
552 RCL 35
553 90
554 -
555 TAN
556 STO 30
557 RCL 14
558 STO 26
559 RCL 15
560 STO 27
561 RCL 01
562 90
563 -
564 TAN
565 STO 31
566 XEQ 04
567 RCL 31
568 STO 36
569 RCL 30
570 STO 37
571 RTN

572♦LBL "25"
573 "TAU 25"
574 PRA
575 RCL 44
576 RCL 43
577 /
578 ATAN
579 STO 33
580 PRX
581 RTN

582♦LBL "45"
583 RCL 43
584 STO 22
585 RCL 44
586 STO 23
587 RCL 35
588 90
589 -
590 TAN
591 STO 30
592 RCL 14
593 STO 26
594 RCL 15
595 STO 27
596 RCL 01
597 RCL 24
598 +
599 90
600 -
601 TAN
602 STO 31
603 XEQ 04
604 RCL 31
605 STO 51
606 RCL 30
607 STO 52
608 RTN

609♦LBL "36"
610 "TAU 36"
611 PRA
612 RCL 39
613 CHS
614 RCL 05
615 RCL 38
616 -
617 /
618 ATAN
619 STO 46
620 PRX
621 RTN

622♦LBL "46"
623 RCL 05
624 STO 22
625 0
626 STO 23
627 RCL 35
628 90
629 -
630 TAN
631 STO 30
632 RCL 14
633 STO 26
634 RCL 15
635 STO 27
636 RCL 46
637 TAN
638 STO 31
639 XEQ 04
640 RCL 31
641 STO 53
642 RCL 30
643 STO 54
644 RTN

645♦LBL 20
646 SF 12
647 "SCHUBGETR."
648 PRA
649 "POLKOORD."
650 PRA
651 "PHI"
652 PRA
653 RCL 01
654 PRX
655 CF 12
656 "12<A0>"
657 PRA
658 0
659 PRX
660 0
661 PRX
662 XEQ 06
663 "13<P>"
664 PRA
665 RCL 38
666 PRX
667 RCL 39
668 PRX
669 "TAU 14"
670 PRA
671 RCL 35
672 90
673 +
674 PRX
```

Tabelle 3 (Fortsetzung)

```
"15"
PRA
XEQ "15"
RCL 43
PRX
RCL 44
PRX
"16"
PRA
RCL 05
PRX
0
PRX
"TAU 23"
PRA
RCL 01
90
+
PRX
"24"
PRA
XEQ "24"
RCL 36
PRX
RCL 37
PRX
XEQ "25
"TAU 26'
PRA
0
PRX
"34<B>"
PRA
RCL 14
PRX
RCL 15
PRX
"TAU 35"
PRA
RCL 01
RCL 24
+
90
+
PRX
XEQ "36"
"45"
PRA
XEQ "45"
RCL 51
PRX
RCL 52
PRX
"TAU 46"
PRA
XEQ "46"
RCL 53
PRX
RCL 54
PRX
"TAU 56"
PRA
RCL 34
90
-
PRX
ADV
ADV
STOP
♦LBL 18
SF 12
"EINGABE"
PRA
"SCHUBGETR."
PRA
CF 12
"D,V,H,DELTA"
PRA
RCL 05
PRX
RCL 02
PRX
RCL 03
PRX
RCL 35
PRX
"BETA,MUE-II"
PRA
RCL 24
PRX
RCL 11
PRX
ADV
ADV
STOP
.END.
```

Aus der Programmauflistung, **Tabelle 3**, ist zu erkennen, daß im Label 05 zunächst Label 01 (XEQ 01) abgerufen wird, und dieses dient zur Lagenberechnung. Es werden mit φ die Koordinaten von A, mit der Diagonalen m_I deren Länge und deren Winkel Ψ_m berechnet. Nun muß $\measuredangle AB_0B$ mit $\pm$ Vorzeichen zu Ψ_m addiert werden: wenn $0 < \mu_I < 180°$ positiv, ist der Lagenwert $+ s_I$ einzusetzen. Nun findet man Ψ. Mit dem berechenbaren Winkel δ und den gegebenen Werten ϵ und e lassen sich die Koordinaten von E berechnen und mit γ und g diejenigen von G. Hinsichtlich der Diagonalen m_{II} = GE ist bei positivem Winkel $0 < \mu_l < 180^\circ$ der Lagenwert s_{ll} das Winkel-Vorzeichen, so daß sich die Winkel η_m, η und die Koordinaten von F berechnen lassen, womit nunmehr der gesamte Lagenplan mit den Koordinaten der sieben Gelenke A_0, B_0, A, B, E, G, F, bekannt sind.

Unterprogramm „Schnittpunkt zweier Geraden"

Im folgenden Gesamtprogramm ist immer wieder der Schnittpunkt zweier Geraden zu berechnen. Im ersten Fall sind diese Geraden durch je zwei Punkte R und S, sowie T und U, im zweiten Falle durch je zwei Punkte R und S, einen Punkt T und eine Steigungs-Tangente m_1, und im dritten Falle durch je einen Punkt R und U und die Steigungs-Tangenten m_1 und m_2 gegeben. Deshalb gilt Label 02 für den ersten, Label 03 den den zweiten und Label 04 für den dritten Fall, Tabelle 3. Diese „Labels" gehen in der angeführten Reihenfolge nahtlos ineinander über.

Die Pollagen

Jedes sechsgliedrige, zwangläufige Getriebe hat 15 Pole, hier die sieben Gelenke als reelle und die restlichen acht als ideelle Pole. Es gibt für diesen Fall 20 Polgerade, auf jeder liegen i. allg. je 3 der 15 Pole, und damit gehen durch jeden Pol 4 Polgerade. Die noch unbekannten ideellen Pole können in bestimmter Reihenfolge durch die Schnittpunkte je zweier Polgeraden gefunden werden. Hier zunächst die Zusammenstellung der 15 Pole:

12/0 13/1 14/0 15/2 16/0
23/0 24/1 25/3 26/3
34/0 35/0 36/3
45/3 46/3
56/0

1. Die Pole nullter Ordnung (z.B. 12/0) sind die Gelenke, die im Lageplan sofort zur Verfügung stehen, sie sind mit 12/0–14/0 usw. gekennzeichnet.
2. Die Pole erster Ordnung können im Gelenkviereck als Schnittpunkte je zweier Gelenke gefunden werden. Es sind:

13/1 (P)	24/1 (Q)
12/0 – 23/0	12/0 – 14/0
14/0 – 34/0	23/0 – 34/0

3. Die Pole zweiter Ordnung brauchen außer den Polen nullter Ordnung noch je einen Pol erster Ordnung. Es sind:

15/2	36/2
13/1 – 35/0	13/1 – 16/0
16/0 – 56/0	35/0 – 56/0

4. Die Pole dritter Ordnung brauchen außer den Polen nullter Ordnung noch je einen Pol zweiter Ordnung. Es sind:

25/3	26/3	45/3	46/3
12/0 – 15/2	12/0 – 16/0	14/0 – 15/2	14/0 – 16/0
23/0 – 35/0	23/0 – 36/2	34/0 – 35/0	34/0 – 36/2

In dieser Reihenfolge erhalten die Pole 2. und 3. Ordnung (0. und 1. Ordnung sind bereits im Lageplan gefunden worden) die nach ihren Ziffern benannten Unterprogramme, so daß sie sämtlich im Führungs-Label 05 abgerufen werden können. In Fig. 1 sind sämtliche 15 Pole mit ihren Polgeraden aufgezeichnet worden.

Das Zusammenfallen von Polen

Über Polkonfigurationen i. allg. liegt eine große Zahl von Untersuchungen vor, aber es sind nur Ansätze zu erkennen, welche Folgen und insbesondere Vorzüge ein Zusammenfallen

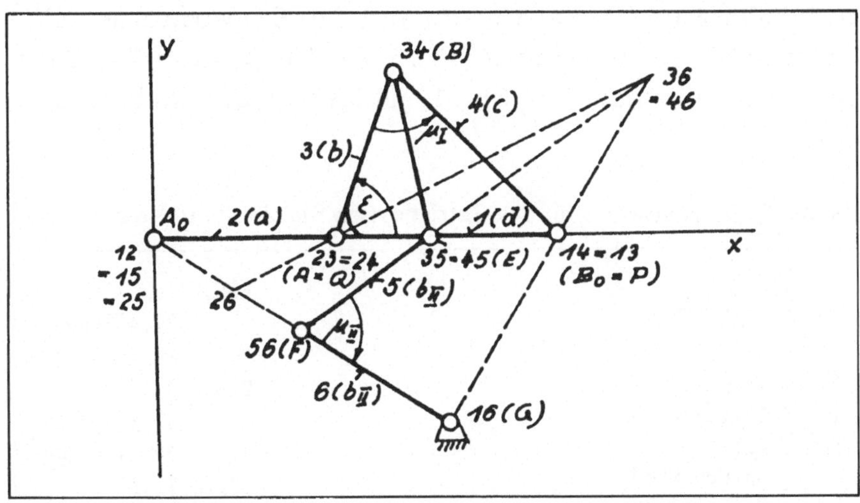

Fig. 2 Pollagen-Berechnung in einem sechsgliedrigen zwangsläufigen Getriebe mit dem mehrfachen Zusammenfallen einiger Polgruppen

von Polen haben kann. Es ist bekannt, daß jede Umkehrlage eines Getriebegliedes, d. h. jede Null-Geschwindigkeitslage das Zusammenfallen der beiden anderen Pole auf der Polgeraden voraussetzt. Zum anderen ist es auch möglich, daß drei Pole in einem Punkt zusammenfallen, daß hier also eine Polgerade in einen Punkt entartet ist! Dies könnte z. B. mehr als bisher bei Untersuchungen an mehrgliedrigen Umlaufräder-Getrieben zu einer besseren Übersicht führen.

In **Fig. 2** sind gleichzeitig zwei dieser Sonderfälle angezeigt. Wenn das Glied 6 (b_{II}) durch den Pol 12 (A_0) geht, fallen in A_0 die Pole 12 = 15 = 25 zusammen. Liegt das Gelenk 35 (E) auf der Polgeraden 14–15, so muß 35 mit 45 zusammenfallen. Der dritte zugehörige Pol 34 (Paarung der ungleichen Ziffern von 35 und 45) muß dann eine Umkehrlage in 34, also zwischen den beiden Gliedern 3 und 4 verursachen. Da der Pol 34, wie jeder andere Pol, auf vier Polgeraden liegen muß, gehören zu 34 noch die Pol-Paarungen 13 = 14, 23 = 24, 36 = 46.

In **Tabelle 4** und **Tabelle 5** sind mit den Eingabewerten XEQ 10 im Pol-Programm mit XEQ 05 die Pollagen von Fig. 2 mit für den allgemeinen Fall, Fig. 1, gültigen Programm berechnet worden.

Tabelle 4 Eingangswerte für das Getriebe nach Fig. 2 mit Pol-Koinzidenzen

```
XEQ 10
  ↓
EINGABE
POLKOORD.
A,B,C,D,SI
        38.00000000
        36.00000000
        48.00000000
        84.00000000
        1.000000000

EPS,E
        -70.45500000
        20.00000000
GAMMA,G
        -32.50000000
        72.00000000
BII,CII,SII
        33.73400000
        36.00000000
        -1.000000000
```

Tabelle 5 Polberechnungen für die Getriebelage mit Polkoinzidenzen des Getriebes nach Fig. 2

```
XEQ 05
  ↓
POLKORD.
PHI
 0.000000000
            ***
12<A0>
        0.000000000
        0.000000000
13<P>
        84.00000000
        0.000000000
14<B0>
        84.00000000
        0.000000000
15
        0.000515808
        0.000414311

16<G>
        60.72418410
        -38.68557180
23<A>
        38.00000000
        0.000000000
24<Q>
        38.00000000
        0.000000000
25
        -0.000303349
        -0.000243658
26
        16.41018187
        -10.45443884

34<B>
        50.04347825
        33.92572226
35<E>
        58.00000000
        0.000128240
36
        102.9117030
        31.43219758
45
        58.00000002
        0.000128240
46
        102.9117030
        31.43219758
56<F>
        30.36226038
        -19.34252168
```

Da, wie bereits erwähnt, mit dem Zusammenfallen von Polen (Pol-Koinzidenz) bemerkenswerte Vorzüge entstehen können [1], muß das Fehlen grundlegender Untersuchungen über Koinzidenzen dieser Art, insbesondere für vielgliedrige Getriebe, als empfindliche Lücke vermerkt werden.

Getriebe mit Schubgelenken

Unter Berücksichtigung der *Grüblerschen Restriktionen* [2] lassen sich Drehgelenke durch Schubgelenke ersetzen, und solche Schubgelenke führen gegenüber Drehgelenken nicht nur zu einfacheren mathematischen Zusammenhängen, sie ermöglichen auch Bewegungsgesetze mit mathematischer Genauigkeit, die mit reinen Drehgelenk-Getrieben nicht bzw. nur mit Annäherungen möglich sind, kinematisch darzustellen.

Wenn z. B. auf einer Polgeraden zwei Drehpole und ein Schubpol liegen, so müssen die Winkelgeschwindigkeiten der beiden Drehpole gleich groß sein! Bei zwei Schubpolen muß der dritte ebenfalls ein Schubpol sein. Die gleich großen Winkelgeschwindigkeiten ermöglichen die Wirkung der Oldham-Kupplung und anderer wellenbeweglicher Kupplungssysteme [3], auch bei Parallel-Wellenverschiebungen ein konstant bleibendes Übersetzungsverhältnis zu garantieren. Damit sind auch verstellbare Hubbewegungen mit gleichbleibender Bewegungs-Charakteristik durchführbar [4]. Mit Schubgelenkgetrieben können geometrische Kurven auch höheren Grades genau erzeugt werden [5], und es könnten mannigfaltige neue Erkenntnisse gewonnen werden, wenn der Großteil solcher Getriebe in Computer-Programmen festgehalten würde. Es gibt insgesamt 78 sechsgliedrige kinematische Ketten mit verschiedenartiger Verteilung der Schubgelenke. Aus der hier behandelten Stephensonschen Kette entstehen 26 Bauformen, davon 3 mit einem, 8 mit zwei, 10 mit drei und 5 mit 4 Schubgelenken [6]. Eine der letzteren, mit 4 Schubgelenken, ist in **Fig. 3** dargestellt.

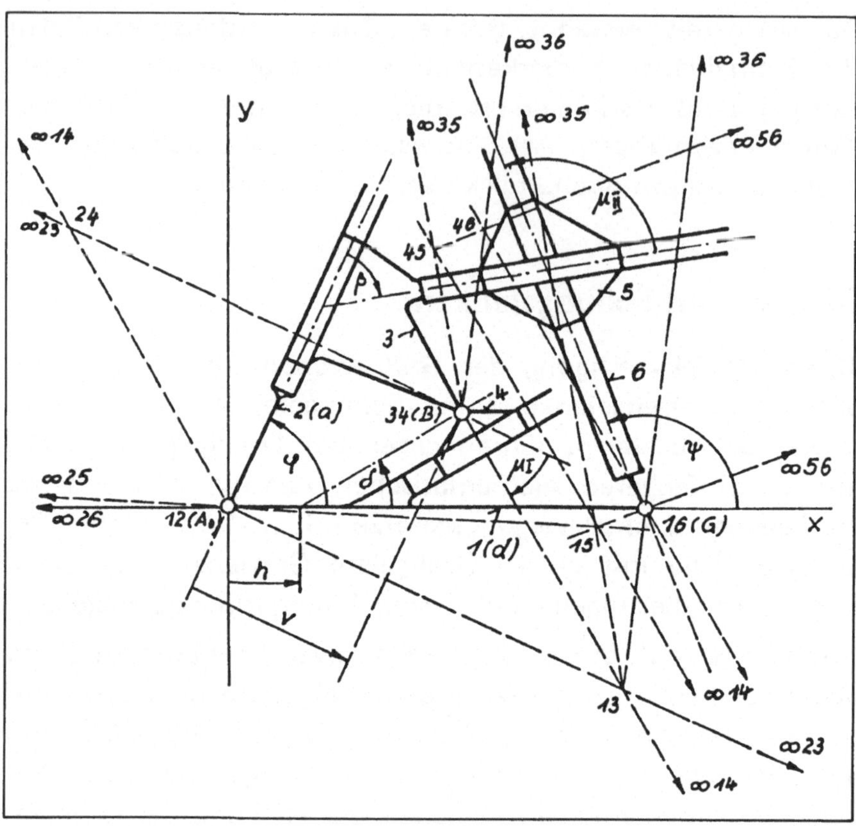

Fig. 3 Pollagen-Berechnung in einem sechsgliedrigen zwangsläufigen Getriebe mit vier Schubgelenken

Im "Gestell" 1 (d) sind zwei Drehgelenke 12 (A_0) und 16 (G) und ein Schubgelenk 14 angeordnet, und dieses ist durch die Geradschub-Bewegung δ und h des Drehgelenkes 34 (B) festgelegt. Das zweite Schubgelenk 23 definiert die Lage des Schleifenhebels 2 (a) mit der Versetzung des Schubgliedes 3, wobei der Winkel β die Neigung der beiden Schubführungen des Gliedes 3 kennzeichnet. Schließlich gibt es noch den Doppelschieber 5, dessen Kreuzungswinkel μ_{II} das alleinige Maß dieses Getriebe-Gliedes ausmacht. Schubglied 3 und der in 16 (G) gelagerte Schleifenhebel 6 sind durch Kreuzschieber 5 „gelenkig" miteinander verbunden.

Tabelle 6 Eingangswerte mit Speicherzuordnungen für das Getriebe nach Fig. 3 mit vier Schubgelenken

```
XEQ 18

EINGABE
SCHUBGETR.
D,V,H,DELTA
    90.00000000      δ = R05
    37.00000000      v = R02
    15.00000000      h = R03
    30.00000000      δ = R35
BETA,MUE-II
   -56.00000000      β = R24
   101.0000000       μII = R11
```

Für jedes Schubgelenk gibt es den im Unendlichen liegenden Pol, senkrecht zur Schubrichtung, und mit diesen Richtstrahlen, durch die zugehörigen Drehgelenke gehend, lassen sich nun sämtliche noch fehlenden Pole der insgesamt 15 möglichen bestimmen. Nach **Tabelle 6** werden mit XEQ 18 die Eingabewerte abgerufen.

Zuerst muß aber das Getriebe in die dem gegebenen φ-Winkel zugeordnete Lage gebracht werden. Im Schleifenhebel 2 (a) wird bei gegebenem φ der Schieber 3 so lange verschoben, bis sein Gelenkpunkt 34 (B) die mit δ und h vorgegebene Geradbahn schneidet. Damit erhält der Kreuzschieber 5 relativ zu 3 eine eindeutige Lage, wenn mit μ_{II} die Parallele durch 16 (G) gezogen wird, womit auch die Lage von 6 durch Ψ bestimmt ist. Diese einfache geometrische Konstruktion wird im Hauptprogramm, XEQ 20 (vgl. Tabelle 3) nach Label 06 (XEQ 06) weitergeleitet und dort rechnerisch nachvollzogen, wobei die Pole 34 und 13 anfallen, der letztere als Schnittpunkt der Senkrechten in 12 zur Führung 2 mit der Senkrechten in 34 zur δ-Führung. In **Tabelle 7** sind nun nach Eingabe $\varphi = R_{01}$ sämtliche 15 Pole in ihrer numerischen Reihenfolge aufgelistet. Den Einzelpolen ist je ein Unterprogramm mit der zugehörigen Nummer, hier im α-Modus, gewidmet,

Tabelle 7 Polberechnungen für eine gegebene Getriebelage für das Getriebe nach Fig. 3

```
XEQ 20

SCHUBGETR.
POLKOORD.
PHI
65.00000000          φ = R01
***
12(A0)
0.000000000          x12
0.000000000          y12
13(P)
85.00369352          x13 = R38
-39.63787326         y13 = R39
TAU 14
120.0000000          τ14
15
79.34018014          x15 = R43
-3.879857080         y15 = R44
16
90.00000000          x16 = R05
0.000000000          y16
TAU 23
155.0000000          τ23
24
-34.66462596         x24 = R36
60.04089340          y24 = R37
TAU 25
-2.799621703         τ25 = R33
TAU 26
0.000000000          τ26
34(B)
50.33906754          x34 = R14
20.40302015          y34 = R15
TAU 35
99.00000000          τ35
TAU 36
82.81582381          τ36 = R46
45
44.67555416          x45 = R51
56.16103636          y45 = R52
46
55.33537402          x46 = R53
60.04089344          y46 = R54
TAU 56
20.00000000          τ56
```

das entweder allein für sich oder auch in der Zusammenfassung nach Tabelle 7 abgerufen werden kann. Diese „Labels" sind in Tabelle 3 aufgelistet. Für einige Pole mit Winkelwerten können im Label 20 aus den Eingabewinkeln unmittelbar die zugehörigen Winkelwerte untergebracht werden. Nach Tabelle 7 und Fig. 3 ist für die gewählte Struktur festzustellen, daß es 8 Drehpole und 7 Schubpole (diese durch „τ" gekennzeichnet) gibt. Der Relativpol 26 für die Bewegungen von 2 und 6 liegt auf der Geraden 1 im Unendlichen, d. h. jeder Winkeländerung von $\Delta\varphi$ entspricht die gleich große und gleich gerichtete Winkeländerung $\Delta\Psi$! Dies trifft aber für sämtliche Drehpole untereinander zu. Dies bedetuet nunmehr, daß dieses Getriebe mit 4 Schubgelenken und drei Drehgelenken hinsichtlich sämtlicher Drehbewegungen genau gleichförmige Übertragungen erzeugt. Ungleichförmige Übertragungen, die dieses Getriebe immer noch als ungleichförmig übersetzend herausstellen, treten dafür lediglich als Relativ-Schubbewegungen auf [7].

Schlußbetrachtung

An willkürlich herausgegriffenen Getriebebeispielen sollte auf die besondere Bedeutung der *Pole* hingewiesen werden, insbesondere sollte aber kenntlich gemacht werden, daß hier bei der beachtlich großen Zahl der Getriebestrukturen noch viele Fragen offen sind. Die vorhandene Erkenntnislücke erscheint noch wesentlich größer, wenn der Übergang zu den achtgliedrigen, zwangläufigen Getrieben [8] zu vollziehen ist oder Getriebe mit höherem Freiheitsgrad einbezogen werden sollen [9].

Aus der Vor-Computerzeit liegen noch bemerkenswerte Untersuchungen vor, die der Tatsache gerecht zu werden versuchten, daß die Polbahnen, d. i. der geometrische Ort der aufeinander folgenden Pollagen, durch ihr Abrollen aufeinander die Relativbewegungen eines bewegten Systems in klarer Weise offenlegen. Es ist deshalb eine verheißungsvolle Aufgabe, die Anwendung der Umkehrung zu versuchen [10], nämlich aus den gegebenen Polbahnen die Getriebedimensionen für gegebene praktische Bedingungen zu bestimmen.

Literatur

[1] *Hain, K.:* Entwerfen von Gelenkgetrieben mit gegebenem Verlauf des Übersetzungsverhältnisses. Maschinenmarkt 83 (1977), Nr. 35 S. 694/697

[2] *Grübler, M.:* Getriebelehre. Berlin: Springer 1917

[3] *Duditza, R.:* Querbewegliche Kupplungen. Strukturelle und kinematische Systematisierung. Antriebstechnik 10 (1971), H. 1., S. 409/419

[4] *Hain, K.:* Die Oldham-Kupplung als wandlungsfähiges Getriebe. Konstruktion 34 (1982), H. 7, S. 265/270

[5] *Artobolevskii, I.:* Mechanisms for the Generation of Plane Curves. Oxford, London, Edinbourgh, New York, Paris, Frankfurt: Pergamon 1964

[6] *Hain, K.:* Systematik sechsgliedriger kineamtischer Ketten. Maschinenmarkt 74 (1968), Nr. 38, S. 717/723

[7] *Hain, K.:* Bewegungen in sechsgliedrigen Getrieben. Verteilung von Umlauf-, Schwing- und Schubbewegungen. Maschinenmarkt 75 (1969), Nr. 11, S. 170/177

[8] *Hain, K. und A.-W. Zielstorff:* Die zwangläufigen, achtgliedrigen Getriebe mit Einfach- und Mehrfachgelenken. Maschinenmarkt 70 (1984), Nr. 64, S. 12/18

[9] *Hain, K.:* Die Polbestimmung in Getrieben mit zwei Freiheitsgraden bei beliebiger Verteilung der Antriebsbewegungen. Forsch. Ing.-Wes. 41 (1975), Nr. 2, S. 51/62

[10] *Sieker, K.-H.:* Ermittlung von Gelenkvierecken aus den Krümmungshalbmessern der Polbahnen und deren Änderungen. Technik 3 (1948), S. 170/174